“十三五”国家重点出版物出版规划项目

中国经济治略丛书

行业营销风险指数评估与预警研究

The Research on the Index of Industry Marketing Risk Evaluation and Early Warning

李 键 著

中国财经出版传媒集团
经济科学出版社
Economic Science Press

图书在版编目（CIP）数据

行业营销风险指数评估与预警研究/李键著．—北京：
经济科学出版社，2019.2
（中国经济治略丛书）
ISBN 978-7-5218-0305-1

Ⅰ.①行…　Ⅱ.①李…　Ⅲ.①市场营销学-研究
Ⅳ.①F713.50

中国版本图书馆 CIP 数据核字（2019）第 035121 号

责任编辑：王　娟　张立莉
责任校对：蒋子明
责任印制：邱　天

行业营销风险指数评估与预警研究
李　键　著
经济科学出版社出版、发行　新华书店经销
社址：北京市海淀区阜成路甲 28 号　邮编：100142
总编部电话：010-88191217　发行部电话：010-88191522
网址：www.esp.com.cn
电子邮件：esp@esp.com.cn
天猫网店：经济科学出版社旗舰店
网址：http：//jjkxcbs.tmall.com
北京季蜂印刷有限公司印装
710×1000　16 开　13 印张　220000 字
2019 年 5 月第 1 版　2019 年 5 月第 1 次印刷
ISBN 978-7-5218-0305-1　定价：49.00 元
（图书出现印装问题，本社负责调换。电话：010-88191510）

前 言

近年来，受全球经济衰退的影响，企业面临的市场环境比以往任何时候都更具有多变性和复杂性，使得营销风险的发生概率和破坏程度大大提高，且呈现出“传导速度快、辐射面广、破坏力强、持续时间长”的行业性特征。一旦爆发，将给企业带来巨大损失，甚至是致命打击。因而，对大多数企业而言，防范行业营销风险比获取超常的市场收益更为重要。但由于以往研究多集中在企业营销风险的微观层面，缺乏对宏观性的行业营销风险的深入分析，致使企业以及政府部门等监管机构不能从根本上把握行业营销风险的内在特征，从而也难以展开科学的评估和预警。在出现风险后，又没有一套完善的应对机制，使得很多企业无法实现经营目标，甚至轰然倒下。因此，通过探索行业营销风险指数评估方法和预警模式，寻求合理的行业营销风险防范与应对路径，加强行业营销风险的研究，就显得尤为重要。

然而，通过对相关研究文献的回顾与比较，发现以下三个方面的问题需要进一步分析和讨论：首先，在营销风险界定与研究视角方面，以往研究主要集中在企业营销风险的微观层面，更多的是强调由于企业未能针对市场环境等外部风险因素的变化，及时制定出科学的应对策略而引发的营销损失。而对于宏观性的行业营销风险的内涵、来源和构成等缺少深入分析与探讨，致使当前营销风险研究存在一定的片面性和局限性。其次，在营销风险评估方面，现有研究对于营销风险评估中不确定性问题的讨论还不够全面和深入，主要表现在对风险评估指标属性的分析仍需加强、关于营销风险中的盲信息以及评估专家在经验、能力等方面的差异尚缺乏科学实用的处理方法等，以上问题往往导致评估结果出现偏差，从而影响风险评估结果的可信度。最后，以往的营销风险预警研究缺少从风险偏好等企业个体因素进行的深入分析，使得企业难以明确行业营销风险对其实际的影响程度，从而造成企业所采取的风险预警和应对措施存在较大盲目性。此外，由于忽视了不同行业的差异性，导致以往研究多采用平均分配区间长度的方法来划分警限，这对于处理非线性的营销风险来讲存在明显缺陷，致使所确定的预警等级缺乏充分的科学依据和适应性。

鉴于此，本书在对行业营销风险内涵、来源和架构等问题进行探索性研究的基础上，综合运用盲数理论和隶属度函数，构建行业营销风险指数评估模型，尝试从行业风险等级、企业风险偏好和企业风险可接受水平三者动态均衡的视角，探索不同企业应对行业营销风险的方法与模式，并为构建行业营销风险应对机制提供理论支持和管理建议。

本书的研究成果是在宁夏哲学社会科学规划项目“不确定环境下行业营销风险指数评估与预警研究（17NXBGL08）”、宁夏高校一流学科建设（理论经济学）项目（NXYLXK2017B04）及宁夏大学西部一流专业（市场营销）培育项目的资助下取得的。同时，也得到了国家自然科学基金项目“社会化媒体背景下企业病毒式营销沟通策略及作用机制研究（71562027）”的大力支持。

近年来，营销风险问题越来越受到广大实践者和理论研究者的关注，随着环境的不断变化，新的问题也会随之出现，与之对应的理论研究和实践也需要不断发展和完善。本书的研究成果是建立在国内外众多理论研究者和实践者既往研究成果的基础上的，期望能对推动营销风险理论的研究略尽微薄之力。诚然，由于作者水平和研究范围所限，书中难免有错漏之处，敬请专家和广大读者批评指正。

李 键

2018 年 3 月 14 日于宁夏大学

CONTENTS 目录

第 1 章

绪　　论

1.1　研究背景与研究问题

1.1.1　研究背景

自 20 世纪 90 年代以来，由两次金融危机引发的全球性经济衰退，致使企业面临的市场环境比以往任何时候都更具有多变性和复杂性，从而提高了行业营销风险的发生概率、加大了行业营销风险的破坏程度。加之我国进入市场经济较晚，企业不规范行为较多，法律法规的制定和执行相对滞后。一旦爆发行业营销风险，将给企业带来巨大损失，甚至是致命打击。

但令人担忧的是，由于以往研究多集中在企业营销风险的微观层面，缺乏对行业营销风险的深入分析，致使企业以及政府部门等监管机构不能从根本上把握行业营销风险的内在特征，从而难以进行科学的评估和预警。在出现风险后，又没有一套完善的应对机制，使得很多企业无法实现营销目标，甚至轰然倒下。因而，加强对行业营销风险的基本理论及其评估方法和预警模式的研究，显得非常紧迫和重要。而随着我国信息化水平的提高和企业营销管理能力的提升，在风险问题较为突出的食品、汽车、煤炭、纺织、房地产等几个重点行业，由相关政府部门、行业协会等监管机构进行及时、有效的行业营销风险指数评估与发布，建立行业性的营销风险指数标准，为企业提供科学的行业营销风险预警依据，已具有可行性。

从理论研究背景看，尽管近年来营销风险的研究取得了较大进展，但通过对以往文献的回顾与分析，可以发现，以下三个方面仍需要继续深入研究：第一，目前的研究多集中在企业营销风险的微观层面，而缺乏对行业营销风险的深入分析与探讨，致使当前的营销风险研究存在一定的片面性和局限性；第二，由于缺乏对评价指标基本属性、风险专家主观模糊性等因素的充分考虑，使得风险评估结果与实际状况相比，往往会出现不同程度的偏差，难以保证研究结论的科学性和准确性；第三，在实践中，同样的营销风险对不同企业造成的影响具有差异性，但现有文献主要集中在风险识别、模型构建等预警环节的研究上，而忽视了对风险偏好、风险承受能力等企业个体因素进行的深入分析，从而导致当前营销风险预警研究的实用性不强。

基于以上分析，本书在运用扎根理论对行业营销风险的内涵、来源和构成等基本理论进行研究的基础上，通过构建风险指数评估模型和风险可接受区域判断矩阵，探索科学的行业营销风险指数评估方法和预警模式，寻求合理的行业营销风险防范与应对路径。希望通过本书的研究，在丰富和发展营销风险研究视野与理论框架的同时，为企业识别和应对行业营销风险提供理论支持，也为政府等行业监管机构准确评估防范行业营销风险起到一定的借鉴和帮助作用。

1.1.2 研究问题

如前文所述，本书的研究主旨是在对行业营销风险的内涵、构成和来源进行深入分析的基础上，探索科学的行业营销风险指数评估方法和预警模式，寻求合理的行业营销风险防范与应对路径。基于此，本书主要围绕以下四个关键问题展开研究。

问题1：行业营销风险的内涵、来源以及构成是怎样的？近年来，虽然在营销风险基础理论方面有了一些研究成果，但多集中在微观的企业营销风险层面，而缺乏对行业营销风险的识别和评价，致使当前的营销风险理论研究存在一定的片面性和局限性。

问题2：在行业营销风险指数评估的过程中，如何有效地将误差降低到最低程度？特别是在风险指数测量的过程中，如何针对主观指标与客观指标的不同属性，进行科学、有效的处理，这是营销风险评估中亟待解决的关键问题。

问题3：在以往的研究中，通常采用平均分配风险等级区间长度的方法划分预警等级标准，从而忽视了营销风险指数分布非线性的特点。因而，如何科学地划分行业营销风险预警等级指数标准，为企业进行行业营销风险预警和作决策提供可靠的参考依据，也是本书需解决的重要问题。

问题4：如何从风险偏好等企业个体因素的视角展开行业营销预警与应对研究，以充分体现出不同企业对于风险接受程度和处置方法的差异性，从而提升营销风险预警研究的实用价值。

1.2 研究意义

1.2.1 实践意义

进入21世纪以来，企业所面临的市场环境表现出了更为复杂和多变的不确定性，加之我国企业经营中的不规范行为较多，使得各种营销风险的发生概率和破坏程度大大提高，且呈现出“传导速度快、辐射面广、破坏力强、持续时间长”的行业性特征。因此，加强行业营销风险的研究已成为亟待解决的重要问题。因此，本书具有较强的实践意义。

首先，通过对行业营销风险内涵、来源以及结构等基本问题进行的探索性研究，更为深入地揭示了营销风险的内在特征，从而将营销风险预警与应对由传统的企业微观层面推向现实的行业宏观层面，可以帮助政府部门及相关企业更加全面、及时地掌握行业风险的总体状态与变化趋势，构建科学实用的风险预警和响应机制，并最终为避免营销风险演变为行业危机提供全新的、更具现实意义的策略选择集，使得风险应对策略更好地兼顾了短期效果和长期效果；其次，通过对行业营销风险指数评估和预警等方面的研究，可以帮助企业更系统地认识行业营销风险的本质，为企业提供更准确的风险信息数据，揭示风险的总体状态和变化趋势，为其制定切实可行的行业营销风险应对策略提供可信的参考依据，从而帮助企业减少或消除风险损失，提高风险管理水平，使其在日益激烈的市场环境中获取长期稳定的发展；最后，通过本书的研究，可以帮助政府部门等监管机构更为全面、系统地认识行业营销风险的本质，并为其提供切实可行的风险评估与预警方法，从而有利于监管机构及时发布准确的风险预警信息，进而保持行业的健康和持续发展。同时，本书也致力于唤醒全行业风险应对的集体意识，促使相关企业及一些政府部门摈弃“事不关己、高高挂起”的旁观者思维，为构建行业营销风险应对机制提供理论支持和管理建议。

1.2.2 理论意义

首先，本书运用扎根理论，对行业营销风险的内涵、来源与构成进行探索性研究。在研究过程中严格遵循相关原则和要求展开，力图通过构建行业营销风险的基本理论模型和评价指标体系，丰富和发展营销风险的研究视野与理论框架。其次，本书基于主观指标和客观指标的不同特质，分别运用盲数理论和模糊数学中的梯形分布函数，推导出适合行业营销风险主客观指标的评估方法，并通过分级隶属度关系函数确保了两类指标的风险测量值具有可比性和一致性，从而弥补了传统指数合成方法中因来源不一致而产生偏差的缺陷。同时，还将专家不同的知识结构、资历以及对测评问题的把握程度，体现在主观指标的评估过程中，从而较好地解决了风险评估中评价者主观模糊性问题。最后，本书基于 ALARP 原理的基本思想与方法，通过构建风险可接受区域判断矩阵，从行业风险等级、企业风险偏好和企业风险可接受水平三者均衡的视角，明确不同类型企业对行业营销风险的可接受程度，从而拓展了营销风险预警研究的思路和视角，并在一定程度上弥补了风险管理理论研究与企业实践相脱节的缺陷。

1.3 研究方法与技术路线

1.3.1 研究方法

研究方法是人们在科学研究中发现新现象、新事物或提出新理论、新观点，揭示事物内在规律的工具和手段。由于研究方法是人们在从事科学研究过程中不断总结、提炼出来的。因此，相互融合、动态发展是其重要的特征。本书根据研究需要，采用的研究方法主要有以下四种。

第一，文献研究法。文献研究是在总结、分析、归纳前人研究成果的基础上，界定具体的研究范围和主要研究问题的过程。本书通过对以往文献的回顾与比较，探讨相关研究的优劣和亟待解决的问题，寻找到研究突破口，明确本书的研究方向和研究价值，并借鉴已有的相关定义，对研究对象的基本概念进行界定，从而为进一步的深入研究奠定理论基础。

第二，扎根理论。扎根理论是一种自下而上的探索性研究方法，研究者不作理论假设，而是从典型的现实资料中提炼概念，再把相关概念按一定的关联关系抽象为范畴，然后通过不断地比较和反复甄别，得到了核心范畴以及范畴间的关系，最终形成新的研究理论框架。因而，扎根理论能够避免量化研究中因研究者先入为主的主观认识使方案设计、数据分析乃至研究结论出现偏差的问题（张敬伟，2009）。由于关于行业营销风险的研究理论较少，缺乏充分的假设依据，加之风险研究数据的难以获取性。因此，本书并没有使用“问卷调查—数据验证—理论假设”的实证方法来分析这一问题，而是选择了扎根理论建立行业营销风险的研究范式。

第三，数学建模。通过数学建模进行定量分析，可以使研究对象进一步精确化，以便更加科学地揭示规律、把握本质、厘清关系。本书中基于模糊数学、统计学以及经济学中的相关知识和方法，构建了多个研究模型，各模型相互关联、相互印证，为行业营销风险指数评估和预警研究奠定了较好的定量分析基础。在这些模型中，有两点最为关键：一是以模糊数学中的隶属度函数和盲数理论为基础，构建的行业营销风险指数 FA - BD 评估模型；二是基于 ALARP 原理的基本思想与方法，综合应用概率统计中的 3σ 法则和 λ 均值度量法，构建的风险可接受区域判断矩阵。

第四，案例检验法。数学建模是将社会经济活动中的实际问题抽象成数学问题并建立模型，而案例检验法是在对所建立的数学模型求解之后，通过真实案例进行验证，看其是否符合实际情况。本书基于乘用车制造行业营销风险的案例研究，对本书所构建的行业营销风险指数评估以及预警模型进行了可行性检验，以验证研究成果是否符合实际情况。

1.3.2 技术路线

技术路线是对研究思路、研究过程以及研究结论的总体性规划。本书在分析研究背景、提出研究问题、探讨研究意义、选择研究方法的基础上，提出了研究的技术路线，如图 1 - 1 所示。

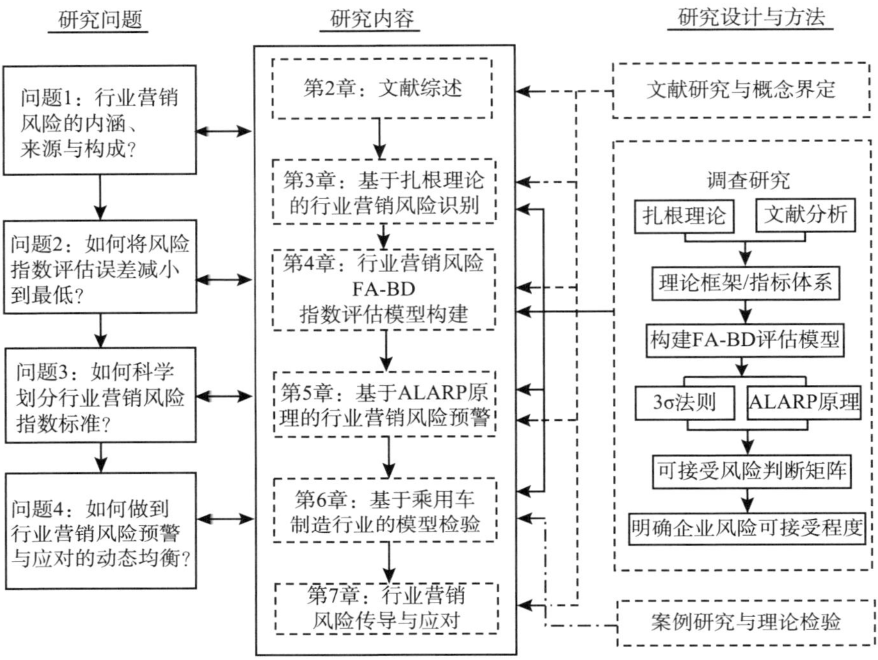

图1-1　本书研究的技术路线

首先，通过对以往研究文献的回顾与比较，找出研究突破口，以明确本书的研究方向和研究价值，并界定基本概念。其次，运用扎根理论对行业营销风险的内涵、来源与构成等进行探索性研究，形成了行业营销风险的基本理论框架和评价指标体系。再其次，以模糊数学中的隶属度函数和盲数理论为基础，构建行业营销风险指数 FA-BD 评估模型，并应用 3σ 法则确定行业营销风险等级指数标准。在此基础上，基于 ALARP 原理的基本思想与方法，通过 λ 均值度量法构建风险可接受区域判断矩阵，明确不同类型企业对行业营销风险的可接受程度。并基于乘用车制造行业的案例研究，对评估模型和预警方法进行可行性检验。最后，提出了企业层面的行业营销风险应对措施和机制，并探讨了行业营销风险应对绩效的评价方法。

1.4 研究结构安排

根据本书的技术路线，本书共分为8章内容。其中，第2章~第5章是本书的核心内容和主体，第1章为绪论，第6章为案例研究，第8章为全书的总结及研究展望。具体内容与章节安排如下。

第1章，绪论。在分析研究背景、提出研究问题、论证研究意义的基础上，对本书的研究方法、结构安排以及技术路线进行了简要说明。

第2章，文献综述。通过对营销风险的研究进行文献回顾与分析，揭示研究进展，发现研究不足，寻找研究突破口，明确本书的研究方向和研究价值，并对行业营销风险等基本概念进行界定，为进一步深入研究奠定理论基础。

第3章，基于扎根理论的行业营销风险识别。运用扎根理论的研究方法对行业营销风险的内涵、来源与构成等基本理论进行了探索性研究。通过不断地比较和反复甄别，并严格遵守扎根理论的编码原则和程序，形成了一个内容丰富，且有明显的维度和层次划分的概念体系。在此过程中，从资料收集和分析，到最终形成理论框架，都严格遵循扎根理论的原则和要求展开。因而，形成的行业营销风险基本理论充分体现了行业营销风险的本质特征，拓展了营销风险研究的视野和理论框架。

第4章，行业营销风险FA-BD指数评估模型构建。针对目前营销风险评估中存在的主要问题，通过FA-BD模型优化和改进了营销风险评估方法。首先，运用盲数理论较好地表达和处理了营销风险主观指标中的盲信息，并通过引入专家综合可信度，有效解决了评价者主观模糊性问题；其次，运用模糊数学中的梯形分布公式推导出营销风险客观指标分级隶属度函数，并结合函数分界值，较好地解决了客观指标风险监测值的标准化问题，使获取的风险数据信息能够直接参与指数的定量运算中，提升了评估结果的时效性；最后，通过隶属度函数将主观指标与客观指标的风险测量值置于一个分析框架中，确保了两类指标的风险指数具有可比性和一致性。

第5章，基于ALARP原理的行业营销风险预警。应用概率统计中的3σ法则确定行业营销风险预警等级指数标准，充分考虑了营销风险指数分布非线性特点，从而弥补了以往研究中平均分配风险等级区间长度这一方法的弊端。在此基础上，基于 ALARP 原理的基本思维，通过 λ 均值度量法构建风险可接受区域判断矩阵，从行业风险等级、企业风险偏好和企业风险可接受水平三者均衡的视角，探索企业防范和应对行业营销风险的方法与模式，并构建了企业层面的行业营销风险预警体系，从而使企业在减小或消除行业风险可能带来损失的同时，又不会因盲目采取防范与应对措施而丧失风险中可能蕴藏的获利机会。

第 6 章，基于乘用车制造行业的模型检验。选择我国乘用车制造行业为案例研究样本，在应用方根法确定指标权重后，将前文中构建的指标体系、评估模型和预警方法等理论研究成果应用到该行业的营销风险评估和预警中。通过研究结论与行业实践的比较可以看到，获取的风险指数、预警等级等结论客观地反映了该行业营销风险的实际状况。在此基础上，通过构建乘用车制造行业风险判断矩阵，明确我国乘用车制造业上市公司对当前行业营销风险的可接受程度，并选择典型企业进行重点分析，进一步验证了本书对于行业营销风险可接受水平划分的可行性。

第 7 章，行业营销风险传导与应对。通过对行业营销风险形成机理和产生过程的研究，揭示了行业营销风险的影响力除了与风险本身大小相关外，还与企业的风险偏好、企业风险承受能力等因素密切相关。在此基础上，提出了企业层面的行业营销风险应对措施，从行业营销风险应对的实际需要和企业整体管理的视角，对企业营销风险管理机制提出政策性建议，并探讨了行业营销风险应对绩效的评价方法。

第 8 章，总结与展望。总结与回顾了本书研究的结论、主要贡献，剖析其中可能存在的不足之处，并对未来的研究方向进行展望。

第 2 章

文献综述

作为研究的起点，本章通过全面的文献回顾与梳理，揭示相关理论研究领域的进展，发现亟待解决的问题，寻找研究的突破口，明确本书的研究方向和研究价值。从而为本书的深入研究奠定逻辑推理和理论分析的基础，并对本书涉及的主要概念进行界定，提出了本书的研究框架，为全书深入讨论进行理论铺垫。

2.1 文献综述

系统的风险管理理论研究开始于20世纪初，到60年代中期，随着众多学者从不同的视角对风险及风险管理进行的专门研究，风险管理逐步形成了较为完整的学科体系，成为一门独立的管理学科，不再仅仅是一门管理技术或是一项管理过程（Brian，2006），而是与战略管理、运营管理共同成为企业经营管理中必不可少的重要组成部分（黄志红，2012）。

营销风险研究作为风险管理的一个重要组成部分，开始于20世纪60年代末，但直到90年代，国外学者们才开始全面、系统地研究企业营销风险。经过多年的发展，营销风险研究已形成了较为完整的理论体系和一大批有影响力的学术成果。然而，作为一个较新的研究领域，其中仍然存在一些不足之处，需要进一步分析和探讨。鉴于此，本书从营销风险识别、营销风险评估和营销风险预警，以及与本书内容密切相关的风险指数研究四个方面进行全面的文献回顾与分析，以期发现其中的优劣和亟待解决的问题，寻找到研究的突破口，明确本书的研究方向和研究价值。

在本章的各节内容中，首先，对相关研究领域或核心问题进行简要概述；其次，分析现有研究的主要成果与不足；最后，对相关文献进行小结，以明确现有研究中存的问题以及本书值得进一步研究的方向。

2.1.1 营销风险识别研究

2.1.1.1 对营销风险的基本认知

1968 年，美国学者马克·格林（Mark. Greene）在《营销风险分析框架》一文中对企业营销风险的概念、特征、分析视角等进行了界定，奠定了营销风险管理的理论框架。在马克·格林的另一篇文章《如何理解营销风险》中，对营销风险评估方法进行了初步的探索（Mark，1969）。尽管马克·格林开启了营销风险研究的大门，但直到 1990 年后，国外学者们才开始全面、系统地研究企业营销风险。思考其中原因，可能是由于国外发达国家进入市场经济较早，各类法律法规较为健全，且人们的契约精神和信用意识相对较好，市场总体风险程度较低。因而，在营销领域出现风险的情况较少。但进入 20 世纪 90 年代，市场环境变得越来越复杂，对于营销风险研究的迫切性也随之增强，因此，越来越多的学者开始关注这一领域。

詹姆斯·福肯（James P. Forkan，1998）在《营销风险框架》一书中，基于宏观环境的不确定性、行业的不确定性、企业内部环境的不确定性这三个变量对企业营销风险的产生、传导和爆发进行了探索，将营销风险的来源进一步细分为战略风险、策略风险、组织风险、运作风险和环境风险五个部分，并认为由于企业营销系统在管理、组织、运作等方面不能适应企业环境变化，造成了营销风险事件的发生。

桑托罗和加费奥（Santoro and Gaffeo，2009）在《商业失败、宏观经济风险与衰退对长期增长的影响》一文中从市场安全的视角对营销风险进行了界定，他认为，在企业市场定位、产品结构、市场需求、市场策略等安全性方面出现了失误，使其不能适应市场竞争和市场环境，从而导致了营销风险的产生。

李蔚（2001）和苏钰（2006）认为，营销风险主要源于企业市场环境在以下几个方面的变化：（1）消费者需求变化。消费者需求变化使得企业产品销量下降，进而导致这些企业存货激增，利润降低，资金周转不灵，甚至倒闭破产；(2) 竞争对手间力量对比变化。竞争对手间在市场份额、营销手段、研发能力、人力资源等因素的变化，从而使得具有竞争优势的企业得以发展和壮大，而导致另一些企业衰落和失败；(3) 宏观环境变化。由于经济、政治、法律、宗教等宏观环境方面的变化给企业营销活动带来不利影响，使得企业遭受风险带来的损失。

张云起（2006）指出，营销风险是由于各种事先无法预料的不确定因素使企业营销的实际收益与预期收益发生偏差，从而有蒙受损失的可能性。营销风险的大小主要取决于营销事故发生的概率及其可能产生的损失程度。与风险共存的是风险报酬，风险报酬又被称为风险价值。一般情况下，两者是同向递增关系，即风险越大，风险报酬就越高。这也是在营销活动中许多企业敢于冒险的意义所在（Sarah，2007）。

邓明然和戴胜利（2007）认为，引发营销风险的因素主要包括经济社会环境、消费者需求、市场竞争、企业自身能力等。但产生营销风险事件的关键原因是风险因素发生了变化，而企业没有及时针对这些变化重新制定新的营销战略和策略，从而导致企业营销活动达不到预期的目标。

詹姆斯·拉姆（James Lam，2003）在《从激励到控制的企业风险管理》一书中提出了三个决定风险影响力大小的因素：(1) 风险概率。通常，风险发生的概率越高，风险就越大。但某些风险发生的可能性非常大，使得管理者要把它们作为必然事件来处理；而另一些风险发生的可能性非常小，却有灾难性的影响，对于这样的风险，科学的防范预案是必需的。(2) 可损度。可损度是指风险可能带来的损失程度和数量。(3) 企业资本金。充足的资本金能够弥补来自风险事件的意外损失。因而，不同实力的企业面对同样风险事件的态度和应对措施是不一样的。

通过对前人研究成果的回顾和比较，本书将营销风险的基本特征总结如下：(1) 从根本上分析，营销风险形成的原因是企业没能针对风险因素的变化，及时制定或调整风险应对策略造成的。(2) 营销风险影响力的大小主要取决营销事故发生的概率、发生后果的严重性以及企业自身的抗风险能力。(3) 营销风险具有两面性，它可能给企业带来损失，也可能使企业从中获取巨大利益。但总体来看，在目前的研究中，学者们主要关注微观的企业营销风险，尚未发现专门针对行业营销风险进行的系统研究。

2.1.1.2 营销风险评价指标体系研究

在以往的研究中，学者们通常是在识别引发营销风险关键要素的基础上，结合自己的研究视角或目标，建立不同的营销风险评价指标体系，以便更好地解决实际的问题。

马克·格林（1968）认为，营销风险可分为纯粹风险和投机性风险，造成营销风险的原因主要有客观的市场环境和主观的经理人工作失误，并从产品组合、风险规避、风险转移、人员失误和市场环境等方面提出了营销风险评价指标体系。

罗伯特·阿利奥（Robert. Allio，1992）在《风险承担的个体差异》一文中基于市场安全的视角，从企业市场定位、产品结构及其市场需求、企业市场策略、市场竞争和市场环境五个方面建立了市场安全的评价指标体系，为营销风险识别和评价研究奠定了逻辑框架，在以后的营销风险评价研究中，多是由在此框架的基础上发展、综合而来。

詹姆斯（James. RG，2010）在对企业营销风险的产生、传导和爆发以及表现形式进行研究的基础上，从营销战略、营销策略、营销组织、营销运作和营销环境五个方面建立了企业营销风险指标体系，并提出了营销风险防范的具体措施，这一评价指标体系更为完整和全面，涵盖了营销风险的主要来源和类别，为营销风险评价的细化研究指明了方向。

博伊斯（Boyce，1995）和基特（Kit，2005）从商业欺诈、意外事故、环境破坏、质量责任等方面进行了商务风险管理的实务操作性研究，其中，质量责任风险、商业欺诈风险等对于本书识别和判断行业营销风险的来源有着重要的借鉴意义。

霍根（Hogan，2002）等学者在《客户资产与财务绩效的关联》一文中通过实证研究，将顾客流失、顾客收入减少、顾客消费预算减少等作为顾客风险的体现。在此基础上，罗亚尔斯勒（Royals L. J.，2007）将客户风险进一步细分为波动风险、选择风险、衰退风险、满意风险、信用风险、流失风险等，并据此建立了顾客风险评价指标体系，拓展了营销风险评价指标体系研究的领域。

米斯拉（Mishra，2012）在《超越盈亏：框架决策中风险选择的需要效应》一文中提出了由宏观环境不确定性、行业环境不确定性和企业内部环境不确定性这三个变量构成的营销风险评价模型，第一次对企业营销活动所要面临的环境不确定性进行了系统分类，并构建了整体性的分析框架，为此后的学者们指明了营销风险评价指标体系研究的方向。

在我国，营销风险管理作为独立的研究方向是从 20 世纪末开始的。佘廉、张云起和李蔚三位学者在我国较早开始了营销风险研究。

佘廉（1999）运用企业预警管理的理论解释了营销逆境现象，着重对营销环境风险进行了分析与归类，并提出了营销风险的预警方法和步骤。

李蔚（2000；2001）则从营销安全的角度提出了营销事故、营销安全等概念，他认为，如果一家企业的营销流不会因来自企业内部和外部某些因素的冲击而使流量减少、流速减慢，就说明该企业营销系统处于相对安全的状态，并从品牌安全、营销线安全以及营销流安全的视角建立了企业营销风险评价指标体系。

张云起（2000；2006）则基于营销行为分析、过程控制、营销模式和技术创新的角度，对营销风险识别与评价进行了探索性研究，提出了营销环境突变、营销系统震荡和营销管理失效是引发企业营销风险的三个根本性原因。在此基础上，从顾客风险、供应商风险、竞争风险、产品风险和管理风险等方面建立了较为全面的企业营销风险评价指标体系。

近年来，随着研究的深入，营销风险识别和评价指标体系研究的范围逐渐扩大，并产生了一些有影响力的研究成果。其中，苏钰（2006）从核心产品风险、产品获取便利性风险、员工能力风险、服务形式风险、产品价格风险和服务过程风险等方面构建了服务型企业市场风险评价指标体系。甘碧群等人（2009）对企业营销道德水准的研究、彭德辉等人（2009）对品牌危机的研究、庄贵军等人（2009）对营销道德和营销责任的研究、钟懿辉（2012）对合同风险的研究、王丹萍（2013）对产品风险的研究、齐佳音（2015）对客户风险以及渠道风险的研究等，开阔了营销风险研究的视野，为本书的深入研究奠定了良好的理论基础。在此，笔者对营销风险评价指标体系进行了更为详尽的阐述与说明，如表2－1所示。

表2－1　营销风险评价指标体系研究情况

学者	主要观点
马克·格林（1968）	造成营销风险的原因主要有客观的市场环境和主观的经理人工作失误
罗伯特（1992）	基于市场安全的视角，从企业市场定位、产品结构及其市场需求、企业市场策略、市场竞争和市场环境五个方面建立了市场风险评价指标体系
詹姆斯·福肯（1998）	在对企业营销风险表现形式进行详细研究的基础上，从营销战略、营销策略、营销组织、营销运作和营销环境五个方面建立了营销风险评价指标体系

续表

学者	主要观点
李蔚（2001）	从品牌安全、营销线安全以及营销流安全三个视角分析和判断企业的营销系统处于相对安全的状态
张云起（2006）	提出了环境突变、系统震荡和管理失效是引发营销风险的根本原因，并从顾客风险、供应商风险、竞争风险、产品风险和管理风险等方面建立了企业营销风险指标体系
苏钰（2006）	从核心产品风险、产品价格风险、员工能力风险、服务形式风险、产品可获取性风险和服务过程风险等方面构建了服务型企业市场风险的评价指标体系
罗亚尔斯（2007）	将顾客风险分为波动风险、选择风险、衰退风险、满意风险、信用风险、流失风险六个方面
庄贵军（2009）	提出了营销道德和营销责任对于企业营销活动的影响，从另一视角分析营销风险问题，为营销风险的研究开阔了视野
米斯拉（2012）	验证了促销力度、促销价的表现形式、产品信息框架、广告中表现出的企业形象等因素对购买行为的影响，并从以上视角对产品风险进行了分析和评价
钟懿辉（2013）	从合同订立和合同履行两个视角将合同风险分为标的物风险、价格条款风险、支付条款风险、管理风险、生产要素风险、意外因素风险、收汇风险以及保险风险八个方面

资料来源：根据相关文献归纳整理。

2.1.1.3 营销风险识别方法研究

营销风险识别是指对潜在的或是已经发生的各类营销风险进行系统的、连续的预测、梳理和归纳，并分析产生事故原因的过程，也是构建营销风险评价指示体系的基础。风险识别可以通过感性认识和经验进行判断，但更为重要的是通过对各种客观、真实的经营资料、会计信息、统计数据和风险记录进行分析、整理和归类。由于营销风险的复杂性和多变性，对许多营销风险事件要经过多次监测、分析和判断才能获得较为准确的答案，而选择和应用科学的识别方法是要解决的首要问题（李蔚，2002）。

在营销风险管理研究早期，风险识别主要依托研究者个人的经验、学识以及对风险的感受。这一时期应用最为广泛的是风险清单技术。如罗伯特（Robert，1992）、基特（Kit，2005）等学者从不同的研究视角分析了可能产生营销风险的一系列风险因素，并列出了较为详细的营销风险清单。詹姆斯·福肯（James. Forkan，1998）提出了营销战略、营销策略、营销组织、营销运作和营销环境五个大类的营销风险清单，涵盖五十余项营销风险因素，大大提升了风险识别的全面性和综合性。但由于风险清单技术过于依赖研究者的主观认识，致使研究的结构性程度无法保障，结果的准确度往往也会产生偏差。

随着营销风险研究的深入，在营销风险识别方法上也有所突破，其中应用较为广泛的主要有以下几种：一是通过营销流程图，依托每一个关键流程的财务报表、投诉记录及其他风险信息等历史资料来识别营销风险。例如，基特（Kit，2005）在《商业风险管理指南》一书中从商业欺诈、意外事故、环境破坏、产品质量等方面进行的商务风险研究，大量使用企业风险历史资料。二是问询会谈法，包括德尔菲法、面谈法和头脑风暴法等，如罗伯特（Robert，1992）对于市场安全的研究就曾用到了企业访谈法。三是利用数学模型和计算机技术等定量分析方法来识别营销风险，如张云起（2006）应用主成分分析方法；戴胜利（2007）在营销风险传导机制的研究中运用灰色层次分析法，对企业风险数据进行计算和判断来识别营销风险。每一种风险识别方法都有自身的优势和劣势，更侧重于处理某一类型的风险对象。本书按其内涵，将主要的风险识别方法划分为经验型、知识型、定量型和非结构型四类（陈建华，2007），如表2-2所示。

表2-2 风险识别方法研究情况

分类	主要观点	优势	劣势	代表方法
经验型	在准备好调查方案和信息资料的基础上，由经验丰富的专家应用风险源清单或分类树等方法，进行风险识别	简单易行，成本较低	限制了专家的独立判断能力，容易遗漏清单以外的风险	风险清单
知识型	通过工作流程图和实际经历者的访谈，采取逆向思维的程序，从可能引起风险的现象，追溯风险产生的根本原因	有利于发现导致风险的根本性原因	过于依靠操作者知识和能力	流程图法

续表

分类	主要观点	优势	劣势	代表方法
定量型	利用数学模型和计算机技术，分析原始的风险数据，以此筛选出最为重要的风险因素，并能充分解释风险因素之间的因果关系	减少指标间的相关性	需要大量真实的风险数据，且操作较为复杂	主成分分析法
非结构型	通过参与者的相互启发，有利于揭示出那些潜在的、深层次的风险因素	操作灵活，成本较低	风险识别完整度和有效性难以保证	推进式研讨法

资料来源：根据相关文献归纳整理。

通过本节的分析，可以看到，学者们对于营销风险基本概念以及评价指标体系的研究是一个逐渐深化和扩展的过程，并形成了一批较有影响力的研究成果。但总体而言，现有研究主要集中在企业营销风险的微观层面，而对宏观性的行业营销风险缺少深入分析与探讨，致使营销风险研究存在一定的片面性和局限性，使得企业和政府部门等监管机构对于行业营销风险的内涵、来源和构成等基本情况缺乏明确的了解，从而难以根据实际需要进行有效的风险预警和应对。此外，在传统的营销风险识别方法中，以风险清单技术、流程图法、推进式研讨等为代表的定性识别方法，因过于依赖研究者的主观认识，从而容易造成风险漏损和错误识别，致使研究结果的准确度无法保障。而以主成分分析、灰色层次分析等为代表的定量识别方法，则需要大量的风险数据，但此类数据往往因保密问题难以大规模获取。同时，由于相关研究文献较少，导致缺乏充分的假设依据。因而，也不适宜运用实证方法来识别行业营销风险。鉴于此，本书将选择质性研究方法中的扎根理论来解决这一问题。笔者将在第 3 章中进行更为详尽的说明。

2.1.2 营销风险评估研究

近年来，随着营销风险研究范围和深度的不断加强，学者们借鉴数学、统计学和计算机等学科的优秀成果，在营销风险评估方面取得了较大进展，产生了一批较有影响的研究成果，如章栋恩和徐美萍（2007）用蒙特卡罗方法模拟了产品营销中的收益和风险，为营销风险预测提供了决策参考；苏钰（2006）从控制效果和控制成本的视角，应用模糊集理论，建立了营销风险控制方案选择和评价模型；罗亚尔斯勒（Royals L. J.，

2007）建立了顾客风险、消费者认知风险等分析评估模型，这是营销风险定量研究的重要成果；赵文清和钱周信（2006）以灰色系统和层次分析法为理论基础，构建了营销风险灰色层次分析模型；林红菱和张德鹏（2009）通过对国际营销风险的识别和分类，构建了国际营销风险模糊综合评估模型；荣梅（2011）运用综合模糊分析法对营销风险评价指标进行赋权，从而使得指标权重的确定更为客观和精确，为营销风险的定量评估探索了新的分析方法；陈丽花（2011）应用贝叶斯推理对网络营销风险进行了评估方法的探索；丁德臣和王兴元（2012）提出了基于BP神经网络的营销风险预警模型等。这些成果从不同角度丰富了营销风险评估方法，推进了营销风险评估研究的发展。

总体而言，在目前的营销风险评估研究中应用较多的是蒙特卡罗方法、模糊数学方法、故障树分析方法、贝叶斯推断原理、BP神经网络等方法（段秉乾，2006）。基于此，本书在对以上五种应用较为广泛的风险评估方法进行分析与评价的基础上，从中吸取优势与不足，为本书构建行业营销风险指数评估模型积累经验。

蒙特卡罗方法是一种以概率统计理论为指导的数值计算方法，其基本思想是通过编制计算机程序对风险数据进行模拟实验，进而估计风险事件的发生概率（Browning，2002）。但计算机程序是建立在二值逻辑（非真即假）基础上的，适合分析确定性较强的客观事务，却不善于处理模糊性事件。因而，用计算机程序估计的风险概率往往会产生偏差（Hong，2002）。此外，蒙特卡罗方法需要大量真实、可靠的标准化数据进行多次实验，才能确保评估结果的准确性。但由于企业出于保密性考虑，研究者很难获取大规模的风险数据，从而增加了该方法的应用难度。

模糊数学方法是处理风险评估中模糊问题的理想工具。在风险测量过程中，很多风险指标很难用确切的数字来定量地描述，而模糊数学能以数学语言分析和量化风险，从而使得风险评估更加科学化和准确化，其中的关键是建立符合实际的隶属度函数（Saaty，1988）。随着研究的深入，近年来，数学家们利用二元对比排序法构建了多种隶属函数，应用较为广泛的有矩形分布、梯形分布与柯西分布等（Chen，1990）。但忽视了由于不同专家在经验、能力以及对问题的把握程度等方面的差异，而给评估结果带来的影响。

故障树分析方法不仅可以定性分析风险事件的组合方式和传播途径，而且能定量分析风险事件对系统影响的轻重程度，计算风险发生的概率

（Amari，2003）。但由于故障树的建造及计算过程复杂，加之该方法假定风险事件之间是相互独立的，且对于风险事件仅考虑正常和失效两种状态。因此，对于复杂的营销风险评估往往会出现较大偏差。

贝叶斯推断原理强调通过对风险事件的主动搜索与理性分析，获得基础概率、击中率和误报率等各种情况的信息，然后作出概率判断。随着计算机技术的迅速发展和大型数据集的出现，为贝叶斯推断在风险评估中的应用创造了有利条件，使得贝叶斯推断原理能够抓住关键风险要素，提高风险分析的效率（Endres，2003）。但贝叶斯推断是建立在推理者主观判断基础上的，除了信息格式和呈现方式等因素外，推理者的知识、经验以及思维方式等因素也会影响贝叶斯推理的准确性（史滋福，2012）。

BP 神经网络（back propagation）是目前应用最广泛的神经网络模型之一。通常是用企业的风险监测数据反复训练 BP 神经网络，直到结果误差小于给定的误差时，根据训练出的指标值，对风险状态作出评价。BP 神经网络具有很强的非线性映射能力与高度的自学习和自适应能力，且有一定的容错功能，适合于求解结构复杂的风险问题（Zhao Jie，2007）。但 BP 神经网络结构模式尚无科学的理论指导，通常只能由专家的经验选定，加之初始权重、网络学习和记忆具有不稳定性，使得风险预测结果可能产生偏差（丁德巨，2012）。

为了便于比较与分析，本书对以上五种营销风险评估方法的基本原理和主要优劣势进行了总结，如表 2－3 所示。

表 2－3　　风险评估方法分析

方法	方法描述	优势与劣势
蒙特卡罗方法	以概率统计理论为指导，通过模拟实验的方法，估计风险事件发生的概率	注重对风险因素相关性的识别，适合于大规模的、复杂的风险评估和决策，但风险处于模糊状态时，所估计的风险概率就会产生偏差
模糊数学方法	在确定模糊集合以及集合中风险元素对应的隶属度后，用模糊运算确定被评估对象的程度大小	用数学语言量化客观风险，使得评估结果更加科学和准确，但忽视了由于不同专家在经验、能力等方面的差异，而给评估结果带来影响

续表

方法	方法描述	优势与劣势
故障树分析方法	定量分析引发风险事件的因素对系统影响的轻重程度，计算风险发生的概率	表达直观，逻辑性强，应用范围广，但假定底事件之间是相互独立的，仅考虑正常和失效两种状态，且能够处理的底事件数量有限，使得评估结果可能会出现较大偏差
贝叶斯推断原理	将关于风险概率的先验信息与样本信息综合，再根据贝叶斯定理得出后验信息，然后根据后验信息推断风险概率	能够抓住关键风险要素，提高风险分析的效率，但由于风险信息格式、呈现方式以及推理者知识、经验等多种因素的影响，使得风险概率估计值会出现偏差
BP神经网络	用监测值反复训练 BP 神经网络模型，直到结果小于给定的误差时，根据训练出的指标值对风险状态作出评价	具有自学习和自适应能力，且有一定的容错功能，适合于求解复杂的风险问题，但 BP 神经网络在初始权重、网络结构、学习和记忆的稳定性方面存在问题

资料来源：根据相关文献归纳整理。

通过以上分析和比较可以看到，由于理论基础和技术工具的不同，目前较为常用的风险评估方法都有自己的优势和劣势，对于本书进行行业营销风险评估研究具有重要的借鉴和参考价值。但从营销风险本质特征和风险评估实际需要分析，目前的研究仍有一些问题需要进一步完善，主要表现在以下几个方面。

首先，由于缺少对风险指标内在特点的深入分析，在目前的营销风险评估研究中，往往采用同样的方法处理主观指标与客观指标，不能体现出这两类不同属性指标的特殊性，从而造成评估结果难以准确地反映出风险的真实状况；或是针对主客观指标，尽管采用了不同的风险评估方法，但在指数合成时，却将不具有可比性和一致性的两类风险测量值进行直接运算，从而使得风险指数评估结果出现较大程度的偏差。

其次，风险评估往往是利用某一方面的信息对某个指标的风险值进行测量，而营销风险中包括大量的随机信息、模糊信息和灰信息等不确定信息，属于典型的盲信息（许振宇，2011）。但在目前的研究中，对于如何处理盲信息环境下的营销风险评估问题，尚未发现被学术界认可或广泛应用的处理方法。

最后，在目前的营销风险评估中，评估组所确定的风险指数往往是组内专家意见的平均值，由于没能充分考虑不同的专家在经验、能力以及对问题的把握程度等方面的差异，从而影响到评估结果的可信度。

2.1.3 营销风险预警研究

20 世纪 90 年代后期，随着市场环境的日益复杂多变，营销风险预警研究也逐渐引起了学术界的关注，经历了一个从定性为主到定性与定量相结合、从点预警到状态预警转变的过程（Basak，2001）。学者们主要围绕营销风险预警的基本内涵与逻辑框架、营销风险预警系统的构成以及风险预警模型三个方面展开讨论。

首先，对营销风险预警的基本内涵与逻辑框架取得了共识。莱蒂宁（Laitinen，1999）在《中小企业危机预警系统：来自芬兰和英国的初步证据》一文中提出，营销风险预警是在对营销风险进行实时监控的基础上，通过寻找风险警源、分析风险状态、划分风险等级、预报风险警度等程序，对营销风险进行事前监测和预报的方法。其中，寻找风险警源、分析风险状态是对风险的强弱程度和未来发展趋势进行预测，属于对风险因素判断及定量的分析。预报风险警度则是预警的目的所在（顾晓安，2000），并依据风险的危害强度，将预警层次分为无警、轻警、中警、重警和巨警五个等级（张云起，2006）。朱元倩（2012）、王克平（2014）等学者则总结了系统性的风险度量方法，并提出了预警信息的分析方法，为风险预警量化研究提供了有效的分析工具。

其次，对于营销风险预警系统的基本结构有了较为深入的研究。阿尔（Ale，2005）在《可容忍的或可接受的：英国和荷兰的风险监管比较》一文中提出，营销风险预警系统应由预警指标体系、预警信息反馈系统、预警结果评价系统以及预警信号显示系统组成。张云起（2014）则提出营销风险预警要经过风险评价、风险预测和风险报警三个发展过程，认为外部环境的不利变化、营销系统的不良状态以及营销管理的缺陷是企业营销风险预警的三个重要方面。

最后，学者们综合运用数学、统计学、经济学等科学的方法展开营销风险预警模型的研究（佘丛国，2003）。本书按照不同预警模型的主要功能，将这些预警模型分为三类：第一类模型的主要功能是完成营销风险预警指标的梳理和优选，以时差分析方法、自回归条件异方差模型等为代表，如张云起（2006）运用时差分析方法优选了营销风险预警的先行指标；第二类模型的主要功能是确定多属性指标的权重，以AHP分析法、熵权法、判别分析模型、概率模式识别模型等为代表，如戴胜利（2007）结合了熵权法与AHP法的优势，进行了营销风险传导评价指标权重的确定及处理；第三类模型的主要功能在于能够通过自学习进行风险预测，以人工神经网络、支持向量机、回归滑动平均模型、灰色预测等为代表（Marke. Zmijewski，1984），如丁德臣（2012）运用BP人工神经网络和遗传算法构建了企业营销风险预警模型、贾岩峰等（2011）采用支持向量机统计学习方法构建了客户的信用风险预警模型。

在此，本书通过对相关文献的归纳整理，针对应用较为广泛的六种营销风险预警模型进行分析与探讨，如表2－4所示。

表2－4 营销风险预警模型与技术分析

模型	模型描述	优势与劣势
人工神经网络	通过运用风险监测值反复训练神经网络，直到指标值误差小于预定误差，据此对企业风险状态进行判断与预警	较好地解决了非线性问题，适用于客观指标，但难以处理主观指标，尤其对于模糊信息办法不多
自回归条件异方差模型	*ARCH*模型在大量历史数据的基础上（至少需要50个以上按月或按年的历史资料），利用统计方法用历史风险数据预测未来风险，从而使预警的结果比较真实地反映实际经济运行状况	适用于宏观经济风险预测，善于处理非线性问题，但需要大量可信的历史资料作为分析数据，难以处理主观指标
判别分析模型	Z为风险判别值，x为判别变量，a为变量系数，则$Z=a_1x_1+a_2x_2+\cdots+a_nx_n$，通过计算$Z$值，判断风险的大小	计算过程简单，通过确定风险变量的临界值能够使得预警的准确性有很大的提升，需通过F检验，对数据要求高，变量系数难以确定
概率模式识别模型	模式识别是根据目标的共同特征或属性，应用模式分类和比较判断企业风险状态和趋势，突破了通过统计规律探求风险大小的传统方法	应用领域广泛，但预警标准样本确定比较困难，对数据要求高，难以处理主观指标

续表

模型	模型描述	优势与劣势
时差分析方法	通过计算指标之间的相关系数，寻找能够反映风险状态和趋势的预警指标。 $R_{xy}=\dfrac{\sum_{i=1}^{n}(x_i-\bar{x})(y-\bar{y})}{\sqrt{\sum_{i=1}^{n}(x_i-\bar{x})^2(y_i-\bar{y})^2}}$ R 为相关系数，N 为年平均值，x 与 y 是待测指标监测值，通过 R 的大小判断指标的属性	减小指标间的相关性，较好地确定了指标的属性，但基准指标难以确定，且需要大量历史资料作为分析数据，同时，对于主观指标的处理容易产生偏差
支持向量机	SVM 是一种机器学习方法，能较好地解决风险预警中的非线性、高维数等问题，通过核函数： $K(x, x_i)=\exp\left(-\dfrac{\|x-x_i\|^2}{\sigma^2}\right)$ 通过输入风险指标 x 的监测数据计算支持向量 k 值，来判断和划分风险状态，并进行预警	SVM 的计算过程不涉及风险率和样本空间的维数，简化了通常的风险分类、回归以及风险维度等问题，但大规模风险训练样本难以实施，SVM 只是二分类算法，对于多分类风险预警问题会存在偏差

资料来源：根据相关文献归纳整理。

综上所述，以往的营销风险预警研究主要围绕选择风险预警指标、建立风险预警模型、划分预警等级和检验预警效果等问题展开，无论是对预警理论、预警模型和方法的探索，还是对企业预警实践的研究都取得了很大进展。但也不可否认，仍存在一些需要继续深入研究之处，主要表现在以下两个方面：第一，现有研究忽视了从企业风险偏好、企业风险承受能力等企业个体因素的视角，对营销风险进行预警和应对的深入分析，导致当前营销风险预警理论研究与实践应用结合得不够好，预警方法和应对策略的实用性不强，难以操作；第二，由于忽视了不同行业的差异性，使得现有研究多采用平均分配区间长度的方法来划分警限，进而确定风险等级。这就造成了预警等级的划分缺乏充分的科学依据和适应性，尤其对于处理非线性的营销风险存在明显的缺陷。

2.1.4 风险指数研究

指数是综合反映由多种因素组成的经济现象在不同时间和空间条件下

平均变动的相对数。指数能够将不能直接相加或比较的事物转变为可以相加或比较的数字，从而综合反映出社会经济现象的总体变动方向和程度。利用连续编制的指数，可以对社会经济现象的变化趋势和规律进行分析，找出影响变化趋势的根源所在（徐国祥，2011）。经过长期的发展，指数在当前的社会和经济生活中扮演着重要角色，形成了一些成熟的指数体系，如宏观经济运行景气指数、企业家信心指数、消费者价格指数、采购经理人价格指数、股票交易价格指数等（Bollen，2002）。

随着经济领域风险问题的突出，进入21世纪后，学术界对于风险指数的研究逐步展开，主要从不同领域的实际状况出发，按照建立风险指数评价体系、构建风险指数评估模型、实施风险指数预警的逻辑程序，对各领域中的价格、安全、市场行情等风险因素的变化程度和趋势进行研究（Diewert，1993）。对于风险指数的合成通常采用固定加权指数法，指标权重一经确定，应在较长时间内保持不变，从而充分考虑了各评价指标不同的影响力，还可以避免每次编制指标权重的烦琐，有利于通过对不同时期风险指数的比较，发现风险变化的趋势和原因（徐国祥，2011）

总体来看，风险指数研究最为集中在金融领域，并形成了一大批较有影响力的研究成果（如 Illing，刘夏清，2003；F. Corielli，2006；张瑾，2012；成祺炯，2014 等）。近年来，风险指数的研究范围逐渐扩大，由金融领域扩展到多个领域，主要通过构建评估模型对特定行业或领域的风险指数进行评估和预警（杜宾等，2009；陈红艳等，2010；孙金玉，2013；Saldías，2013）。其中，张友棠等（2009）提出的以行业风险临界点为基础的企业三维财务风险识别原理，以及杨晓龙和王文博（2012）运用模糊数学将专家赋值转化为标准化指数值的计算方法等，对于本书的研究提供了很好的思路。

由于学术界对于风险指数和营销风险的系统研究是从近些年才开始的。因而，在笔者找到的文献中，专门针对营销风险指数的研究较少。其中，本锡安和什洛莫（Benzion and Shlomo，1977）在《评价营销策划人员的绩效指标》一文中提出的关于营销方案优劣评价指数的内容，以及托马斯（Thomas，1986）在《风险指数模型在商业银行战略营销策划中的应用》一文中所构建的商业银行营销战略风险指数模型，对于本书研究行业营销风险指数具有一定的启发作用。

从以上的分析中可以看到，近年来的风险指数研究范围逐渐扩大，由金融领域扩展到多个行业；研究难度也逐步深入，尤其是在风险指数模型和测算方法上具有较大创新并且日渐成熟，使得风险指数的科学性和实用性更强。同时，也说明了指数理论和方法在风险管理领域具有较强的应用价值和前景，为本书奠定了很好的研究基础。但作为一个新兴的研究领域，风险指数研究仍有一些需要改进和完善之处。首先，在内容上偏重于方法和模型的研究，而对于风险指数原理以及合理性等基础理论问题的探讨较少；其次，由于目前还没有一个科学的标准，对风险指数评估方法与模型的科学性进行判断，致使很多研究者偏向于利用一些结构新颖、操作复杂的评估方法，从而忽视了其是否适合评估对象的本质特点；最后，随着理论研究的深入，不少的研究成果具有很好的理论意义，但由于评估方法较为复杂，使其也成为专家们的专利，最终造成风险指数理论成果的推广与应用受到较大限制，没能有效地服务于实践。

总之，随着风险指数研究的发展，其在社会经济和生活中扮演着越来越重要的角色，但关于营销风险指数的研究文献尚不多见。因而，本书基于指数合成方法建立了行业营销风险综合指数，既具有实践价值，又具有较强的挑战性。

2.2 研究现状讨论

通过对营销风险识别、营销风险评估、营销风险预警以及风险指数等研究文献的回顾与比较，可以看到，尽管以往研究取得了较为丰富的成果，为本书奠定了深厚的理论基础，但其中仍存有一些不足之处需要进一步分析与讨论，这也正是本书值得深入研究的方向。

第一，营销风险识别研究方面。近年来，市场环境的复杂性和多变性大大增强，从而提升了行业营销风险的发生概率和破坏程度。但现有研究主要集中在企业营销风险的微观层面，更多地强调由于企业针对市场环境等外部风险因素的变化，未能及时制定出科学的应对策略而引发营销损失。而对于宏观性的行业营销风险之内涵、来源和构成等缺少深入分析与探讨，致使当前营销风险研究存在一定的片面性和局限性，使得企业和政府部门难以对行业营销风险进行及时预警，也无法根据实际情况提出有效的风险应对策略。因此，在对行业营销风险基本理论框架进行探索性研究的基础上，选择典型行业并根据其特点建立科学的行业营销风险评价指标体系，是本书首要解决的重要问题。

此外，在以往营销风险识别的研究方法中，定性识别方法过于依赖研究者的主观认识，容易造成风险漏损和错误，而定量识别又因保密问题而难以获取大规模数据，往往都会造成研究结果的准确度无法保障。同时，由于缺乏充分的假设依据，若用实证方法来解决这一问题也是难以展开。基于以上分析，本书将选择质性研究方法中的扎根理论作为识别行业营销风险的工具。

第二，营销风险评估研究方面。在目前的研究中，学者们通常借鉴数学、经济学和计算机等学科中的方法，进行营销风险评估。但仍有一些问题需要进一步改进和完善，主要表现在以下几个方面：（1）由于缺少对主观指标和客观指标不同属性的深入分析，往往造成风险评估方法无法体现出这两类指标不同的内在特点，从而使得所获取的风险指数出现偏差，难以准确反映出风险的真实状况；（2）营销风险信息属于典型的盲信息，但在目前的研究中，对于如何解决盲信息环境下的营销风险评估问题，尚未发现被学术界认可或广泛应用的处理方法；（3）在评估过程中，由于缺乏对不同专家在经验、能力以及问题把握程度等方面差异性的充分考虑，从而影响评估结果的可信度。基于以上分析，如何针对营销风险评估中亟待解决的关键问题，借鉴相关学科的知识和方法，构建科学的指数评估模型，为行业营销风险预警和应对提供可靠的参考依据，这是本书研究的又一个重要领域。

第三，营销风险预警研究方面。通过文献回顾与分析，可以发现，传统的营销风险预警研究主要集中在建立指标体系、构建预警模型、确定预警等级和制定应对措施等方面，缺乏从风险偏好等企业个体因素进行的深入分析，使得企业难以明确行业营销风险对自身真实的影响程度，从而造成企业采取的风险预警和应对措施存在较大盲目性。此外，由于忽视了不同行业的差异性，导致以往研究多采用平均分配区间长度的方法来划分警限，确定风险等级。对于处理非线性的营销风险存在明显缺陷，致使所确定的预警等级缺乏充分的科学依据和适应性。因而，如何运用有效的方法对营销风险预警等级区间进行科学划分，以及如何从风险偏好等企业个体因素的视角进行行业营销风险预警，是本书需要深入分析的重要问题。

2.3 概念界定

在本节中，笔者通过对以往文献的回顾与分析，借鉴已有的研究成果，对行业营销风险及其指数等主要概念进行界定，为本书的深入研究进行理论铺垫。

2.3.1 行业营销风险界定

如前文所述，以往的研究主要集中在企业营销风险的微观层面，但在目前的经济环境中，若从宏观的视角研究行业营销风险则更具有现实意义和理论价值。

按系统论的观点，可将行业内与营销活动有关的生产商、供应商、经销商以及市场、顾客等一系列因素视为一个相互关联的行业营销系统。基于此认识，本书借鉴以往研究文献中的相关定义，将行业营销风险概念界定如下：行业营销风险是由于各种事先无法预料的不确定因素使得行业营销系统无法正常运行，进而造成行业内企业营销的实际收益与预期收益发生偏差，从而具有蒙受损失的可能性。

基于对企业营销风险的分析，本书认为行业营销风险具有以下三个基本特征：第一，行业营销风险多是由企业外部环境变化引起的，一旦发生，企业一般不可控制。但如能通过提升自身的风险管理能力，对行业营销风险做到预警及时准确、应对科学合理，就能够减少其对企业带来的影响。第二，行业营销风险影响力的大小主要取决于发生概率、发生后果的严重性以及企业的抗风险能力等因素。第三，行业营销风险具有两面性，可能给企业带来损失，也可能使企业从中获取巨大利益。

本书将在第 3 章中应用扎根理论对行业营销的内涵、来源、构成等基本理论框架进行探索性分析。在本节中不再进行过多讨论。

2.3.2 行业营销风险指数的内涵与基本属性

2.3.2.1 行业营销风险指数的内涵

行业营销风险指数是指运用指数方法对行业营销风险进行评估与合成后所形成的统计数据，用来衡量行业营销风险的实际状态和发展趋势。行业营销风险指数不但能够直观地描述行业营销风险的状态和趋势，还能够反映行业营销风险组成要素的变动情况，及其对总变动的影响程度，为企业风险决策提供科学的参考依据（徐国祥，2011）。

2.3.2.2 行业营销风险指数的基本属性

（1）行业营销风险指数属于经济指数的范畴，适用于采取综合加权指数法中的固定权数计算，即行业营销风险评价指标的权数一经确定，在较长时间内都将保持不变，从而有利于分析和掌握行业营销风险的变化趋势和规律。

（2）本书对行业营销风险指标的评估采用直接评定法，取值范围在0~100之间，并根据个体指标的不同权重采取加权求和的方法计算总指数。因此，按照指数类别的划分，行业营销风险指数属于绝对指数的范畴，无须考虑一般经济指数中的基期问题。

（3）在编制行业营销风险指数时，对于无法获取的行业数据则需从样本企业中获取。可采取指数编制方法中的“划类选典法”确定样本企业，即将行业内企业的年营业额为标志从高到低排列，依据所需调查企业的数量进行等距抽样。但需要指出的是，为保证研究结论的科学性和有效性，所选定样本企业的累积营业额应占整个行业的75%以上（徐国祥，2011）。

2.4 研究框架

2004年，美国反虚假财务报告委员会（COSO）在其发布的《风险管理框架》中，提出了风险识别、风险评估、风险预警和风险控制等风险管理的四个主要过程，如图2-1所示，标志着风险管理框架化研究模式的开始，该框架也是目前风险管理研究领域中广泛采用的研究范式（王稳，2010）。

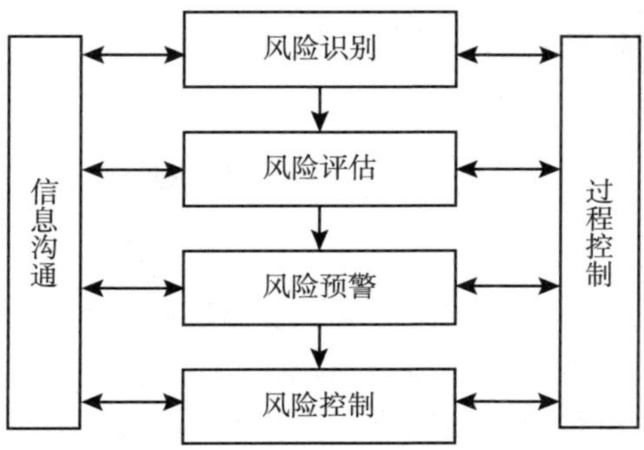

图2-1 营销风险的管理过程

资料来源：COSO. Enterprise Risk Management Integrated Framework [R]. *Committee of Sponsoring Organizations of the Three-way Commission*, 2004.

借鉴美国反虚假财务报告委员会提出的风险管理程序，并综合考虑本书的研究问题和研究方向，笔者提出了行业营销风险的研究框架，主要围绕以下五个方面展开。

第一，行业营销风险识别与指标体系构建。本书将运用扎根理论的研究方法对行业营销风险的来源与构成等基本问题进行深入的分析和讨论，探求最适宜的行业营销风险理论框架，在此基础上，建立行业营销风险指标体系。

第二，行业营销风险指数评估。针对目前营销风险评估中存在的问题，本书将借鉴成熟的指数计算模型，并综合应用数学、统计学等相关学科的知识和方法，结合行业营销风险的特质进行创新。通过构建科学的评估模型来测算行业营销风险指数，以保证研究结论的科学性和实效性，为企业营销风险管理提供预警和决策。

第三，行业营销风险预警。通过风险评估获取的行业营销风险指数，使得企业对行业营销风险的综合状态有了直观的认识。但在实践中，同样的营销风险对不同企业造成的影响具有差异性。鉴于此，本书将在科学划分行业营销风险等级的基础上，从风险偏好等企业个体的视角，探索行业营销风险预警的方法与模式。

第四，案例研究与理论检验。以典型行业为案例研究对象，将前文中构建的指标体系、评估模型和预警方法等理论研究成果应用于该行业的营销风险评估和预警中，通过研究结论与实际状况的比较和分析，来验证本书构建的评估模型和预警方法等理论研究的科学性和实用性。

第五，行业营销风险应对。在充分考虑行业营销风险产生与传导等基本特征的基础上，提出了行业营销风险应对措施。并以此为出发点，对企业营销风险的管理机制提出了政策性建议。

2.5 本章小结

在本章中，笔者通过对相关研究的文献回顾与分析，探讨了现有研究的优劣和亟待解决的问题，明确了本书的研究主题、研究价值和研究方向。在此基础上，对行业营销风险及其指数等主要概念进行了界定，并提出了本书的研究框架，为全书研究提供了理论铺垫。

第 3 章

基于扎根理论的行业营销风险识别

如前文所述，在以往的研究中，学者们的关注点主要集中在企业营销风险的微观层面，而缺少对宏观性行业营销风险的深入分析与探讨，导致缺乏相关的研究理论和充分的假设依据。加之风险研究所需数据，往往因保密问题难以获取。因而，对于行业营销风险基本理论框架的研究，本书并没有使用“问卷调查—数据验证—理论假设”的实证方法，而采用了定性研究方法中的扎根理论。

扎根理论是一种系统的、规范的质性研究方法，强调通过资料的挖掘与分析，期望能够有所突破和创新，从而弥补定量研究不宜深入挖掘现象信息，且相关数据难以获取的缺陷。在本章中，笔者将严格按照扎根理论的研究步骤和要求，对行业营销风险进行深入的分析与探讨，以构建出科学的行业营销风险理论框架和评价指标体系。

3.1 扎根理论研究方法及其研究问题界定

3.1.1 扎根理论研究方法概述

扎根理论（grounded theory）是由美国学者格拉斯和斯特劳斯（Glaser and Strauss，1967）在他们合著的《扎根理论的发现》中最先提出的，为的是“填平理论研究与经验研究之间尴尬的鸿沟”。作为一种质性研究方法，其宗旨是在研究之前不进行理论假设，而是从原始资料中归纳抽象出概念、构思和命题，然后上升为理论（陈向明，2000）。

与量化实证研究方法相比，扎根理论是一种自下而上的探索性研究过程，如图 3－1 所示。研究者从典型的现实资料中提炼出概念，再把相关概念按一定的关联关系抽象为范畴，然后通过不断地比较和反复甄别，得到了核心范畴以及范畴间的关系理论（张敬伟，2009），从而能够避免量化研究中因研究者先入为主的主观认识使研究方案设计、数据分析乃至导出结论出现偏差的问题（贾跃千，2009）。

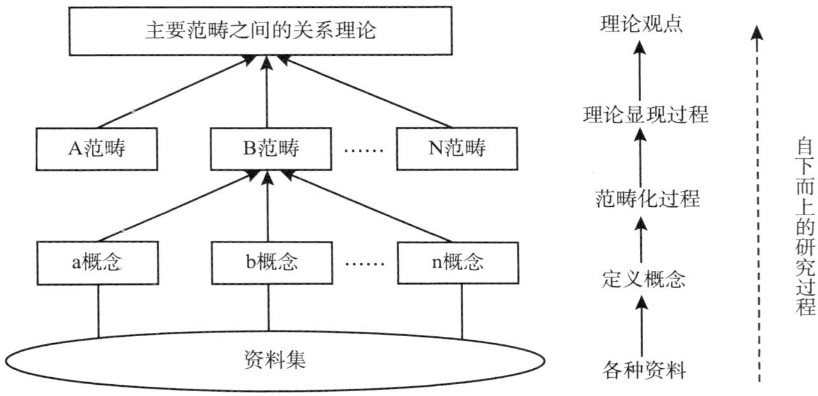

图 3－1　扎根理论的研究过程

资料来源：张敬伟：《扎根理论研究法与管理学研究》，载《现代管理科学》2009 年第 2 期。

相对于案例研究等其他质性研究方法，扎根理论最大的特点就是强调资料搜集和资料分析的交互进行（Corbin and Strauss，1990）。在获取新的资料后立即进行数据分析和编码，并与已经形成的研究结论对比，如果有新概念和范畴产生，则说明建立的理论框架覆盖不完全，仍需补充和修正，直至新资料中再没有新概念、范畴或关系出现。此时，可以认为扎根结论已达到理论饱和，而推导出的范畴间的关联关系就是研究所得到的理论框架（李志刚，2006）。

扎根理论的研究程序主要包括六个步骤：（1）研究对象选择；（2）收集资料；（3）对资料进行登录编码，从资料中产生概念；（4）不断地进行数据、概念等要素之间的全面比较；（5）形成理论性概念及其之间的联系；（6）建构理论并进行检验。其中，对资料的编码，即开放式编码、轴心式编码和选择式编码，是扎根理论中最重要的环节（Corbin，1990）。

与基于文献的众多实证式研究方法相比较，扎根理论虽然相对不够严谨，但却给研究者的想象力、洞察力和发现力以更大空间，往往也会对外在世界有更丰富的阐释。因此，扎根理论已被广泛应用到社会学、管理学、心理学等众多领域中，被认为是最权威和最规范的质性研究方法（丁建原，2007）。

综上所述，扎根理论作为一种基于原始资料发现研究线索的质性研究，是一种典型的理论探索性研究方法，较适用于缺乏理论假设依据的研究。因此，采用扎根理论方法建立行业营销风险研究范式，显然是十分合适的。

3.1.2　研究问题界定

本书在第 2 章中提出了行业营销风险的基本概念，认为行业营销风险是由于各种事先无法预料的不确定因素，使得行业营销系统无法正常运行，进而造成企业营销的实际收益与预期收益发生偏差，从而具有蒙受损失的可能性。但妨碍行业营销系统正常运行的因素数量繁多，表现各异，若将每一个因素纳入评价体系中，不但会大大增加营销风险评估的复杂性和计算量，而且还难以客观地反映风险的实际情况。因此，要构建科学的行业营销风险指标体系，需从众多的因素中确定那些信息量大、影响性强的关键要素。基于以上分析，笔者将运用扎根理论对影响行业营销系统正常运行的关键要素及其之间的相互关系进行探索性研究，并以此为依据，构建行业营销风险的基本理论框架与评价指标体系。

3.2　研究对象与资料收集

3.2.1　研究对象的确定

扎根理论认为，研究对象的选择不是无目的性的随机抽取，而应当根据研究问题和期望形成的理论进行有目的性的样本选择，注重抽取那些能够为研究问题提供大量信息的人或事，这就是扎根理论中理想采样（theoretical sampling）的核心思想。理想采样更强调样本的典型性，鼓励研究者在放松的心态下，通过与研究样本的自然互动获取原始资料，并以此为基础建构研究的结果或理论（陈向明，2000）。因而，研究样本量通常比较小，但是对样本的内在体验则可以获得比较深入的了解①（毛洪涛，2012）。罗弗兰（Lofland，1995）、鲁思法辛格（Ruth Fassinger，2005）等学者基于多年的质性研究经验指出，样本数量在20～30之间是最为合适的。

依据理想采样的基本要求和学者们的相关研究经验，本书将访谈对象的选择标准定为以下几个方面：（1）受访者必须是具有三年以上企业营销实践经验的管理人员，并且主持或参与过具体的营销项目，对营销风险有较深层次的理解和感知；（2）受访者愿意回答有关营销失败经历的问题，并就此问题与笔者展开探讨；（3）为保证数据的完整性，受访者须涵盖企业高、中、低各个管理阶层；（4）为了确保原始数据的统一性与可比性，本书选择的受访者主要来自工业或消费品制造企业。依据上述条件，笔者和研究团队成员进入企业或中央财经大学、北京科技大学、宁夏大学等高校的MBA班，选择了30位来自汽车、钢铁、机械、家电、服装、化工、建筑等10个行业、30家企业的受访者参与到访谈研究中。为了对样本数据进行比较，每个行业及城市至少选择两位受访者。每位受访者的信息见附录1。受访者行业分布如图3－2所示。

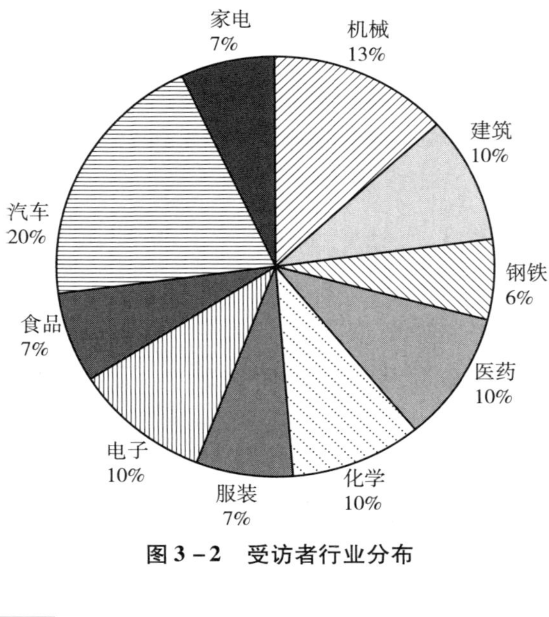

图3－2　受访者行业分布

① 扎根理论的研究样本涵盖面广泛，并非仅仅指访谈对象，也可以是文献、案例、研究报告等其他形式。

受访者样本描述性统计如表 3－1 所示。

表 3－1　受访者样本描述性统计

分类变量	类别	数量（人）	比例（%）
职务	高层管理者	6	20
	中层管理者	15	50
	基层管理者	9	30
学历	大专及以下	7	23
	本科	18	50
	研究生	5	27
企业规模	大型	5	17
	中型	6	20
	小型	13	43
	微型	6	20
地域分布	北京	12	40
	银川	5	16. 7
	上海	3	10. 3
	武汉	2	6. 6
	济南	2	6. 6
	烟台	2	6. 6
	西安	2	6. 6
	厦门	2	6. 6

通过表 3－1 和图 3－2 的统计分析可以看到，在本书选择的受访对象中，总体受教育程度较高，中高层管理人员较多。受访者主要来自八个城市的工业或消费品制造企业，所在企业以中小企业为主，符合企业规模的分布特点，地域分布也较为合理。由此可以认为，本书选择的样本对象符合扎根理论中理想采样的要求与原则，能够保证所采集信息数据的可信度和有效性。

3.2.2 资料收集

针对扎根理论要解决的主要问题，本书按照行为事件访谈法（BEI）的原则和要求，采取开放式访谈的方式进行原始资料收集。行为事件访谈法是一种结合了关键事件法与主题统觉测验的访谈技术，是通过被访者回忆过去曾经发生过的关键事例，从而归纳、分析、挖掘被访者心目中的某一内涵与表现特征的方法（DC Mcclelland，1973）。

在访谈过程中，笔者根据受访者的性格、职务、所在行业以及受教育程度等因素，请被访者讲述工作中经历的 2～3 项失败的营销事件，并根据访谈内容选择合适的切入点提出问题。为了避免受访者提供的资料过于笼统和混乱，笔者按照行为事件访谈法中的 STAR 原则引导被访者提供详细信息，即该项营销事件发生于什么情境（situation）、该营销活动原本需要完成什么任务与目标（task）、当时是如何计划的？遇到了什么具体问题？采取的具体行为又是什么（action）？采取的行动取得什么效果？最后的结果是什么（result）？为了保证获取信息的有效性，在访谈及资料收集的处理过程中，本书还进行了以下工作。

第一，访谈方式。以面对面的直接访谈为主，为了不遗漏访谈信息，在访谈过程中除了做好访谈记录外，还进行了实时录音。访谈后要将现场记录与录音进行分析整理，形成访谈记录文本。若有不明确之处，及时与受访者通过电话、微信等方式沟通。最后还将访谈记录通过电子邮件发送给受访者，以检验文本是否有语意或理解上的偏差。

第二，访谈时间。若每位受访者的访谈时间太短，则无法获取充分的信息，但也不是越长越好。时间太长会使受访者精力无法集中、产生厌烦情绪，对于提问会应付回答。因此，笔者的访谈时间一般控制在 1 小时左右，个别稍作延长，但也会在 1.5 小时内结束。

第三，样本资料真实性。在访谈之前做好预约，并告知受访者对访谈内容绝对保密，且仅用于研究之用，消除受访者的戒备心理和紧张情绪，建立相互信任关系，提高样本资料的真实性。在访谈过程中，本书针对访谈内容适时地与受访者进行互动，引发受访者深层次的思考，但不针对访谈话题发表观点，以免影响受访者真实意思的表达。

通过以上工作，2015 年 12 月～2016 年 10 月作者与研究团队成员先期形成了 30 份有效的访谈资料，为进一步深入研究奠定了基础。

3.3　扎根理论的三级编码过程

本书对于样本资料的分析，按照扎根理论中的三级编码程序和要求进行，包括开放式编码、主轴式编码和选择式编码。其中，开放式编码是对原始资料打散、重现和组合；主轴式编码是对开放式编码形成的概念类属进行分类比较，发现和建立之间的联系；选择式编码则是在主轴式编码的基础上，发现或选择核心类属，并构建新的理论命题，提出探索性的理论假说（Corbin and Strauss，1990）。在这一过程中，借助质性研究的思维导图软件 Mindjet Mindmanager Pro 7.0，进行样本资料的分析与编码建模①。

3.3.1　一级编码：开放式编码

开放式编码是扎根理论编码过程的第一步，目的是从原始资料中探寻、摘取与研究主题有关的事件或现象，并用较为规范的学术语言进行概念性命名，然后通过归类、合并，将相关概念聚拢成一个范畴。结合本章的研究问题，可将这一步骤理解为从众多营销风险因素中确定那些信息量大、综合性强的关键因素的过程。按实施程序划分，开放式编码可分为现象摘要、概念化和范畴化三个阶段。按开发式编码的研究，在此过程中，研究者一定要在无预先设定理论框架的心态下进行。但“具备一个开放的思想，并不等于没有思想”，必要的文献阅读和知识积累还是非常重要的（费小东，2008）。

第一，现象摘要（standardization）。开放式编码的第一步是要将收集资料中与研究主题相关的内容摘取出来，即“贴标签”。本书首先将前期访谈获取的 30 个文本资料进行逐句逐行分析，围绕“哪些行业性因素的变化，会给行业内企业的营销活动带来不利影响”这一研究主题，找到其相关的内容，贴出 326 个标签。从而把原始文本资料分解为一个个相对独立的现象或事件。在此基础上，本书对每一个标签所代表的现象作了摘要。在不影响受访者原意的基础上，从形成的访谈文本中抽取出最具代表

① 扎根理论研究中所使用的计算机软件只是一种辅助工具和手段，它并不能代替研究者进行编码和理论的构建，但有助于研究者检索和进行更高层次的编码，提高研究者编码和数据整理的效率（贾旭东，2010；Ruth，2005）。

性的语句，为下一步概念化奠定基础。

第二，概念化（conceptualizing）。在对上述标签表征的326个现象进行认真分析、归纳后，按照语意上的类缘、同意和隶属三种关系，提取出112个概念。其中，类缘关系关注不同概念在来源及背景上的相似性，强调来自同一源头或在同一个背景下发生；同意关系强调不同概念从自身视角解释同一个现象或事件；隶属关系是指一个概念可能包含另一个概念，关注不同概念代表的现象或事件的范围差异（尤佳，2014）。

第三，范畴化（find conceptual categories）。结合已有文献、笔者的知识积累和经验，以及相关领域专家的建议，通过对资料、概念、范畴之间的不间断比较和反复甄别，然后按照概念间的语意关系，将相关概念继续进行合并、归类与抽象，最终形成了25个初级范畴。

对于现象摘要、概念化和范畴化的开放式编码过程，如表3－2所示。

表3－2　开放式编码过程

摘要示例	来源	概念	频次	初级范畴
很多企业采用不正当手段打击竞争对手，如编造谣言诋毁对方，恶意降价竞争，虽然暂时取得了胜利，但最终却是对行业信誉的极大破坏	24	a1 公平竞争	17	A1 商务信用
要求代理商交纳保证金，供应商要先发货，后付款。在市场不景气时，使得上游供货商的货款、下游代理商的货款均无力支付	1	a2 市场协作	12	
因为各种原因，签了合同不履行的现象还是挺多的，差不多30%的合同是无效的，打官司成本较高	9	a3 合同履行	9	
在电商销售的品牌服装中很多是假冒的，消费者也认为网上买的名牌不可靠	22	a4 合法经营	11	
货物发出三个月能付清全款就算不错的，有些客户没钱付清货款，法院也判了，可货款能要回一半已经算是很好的了	25	a5 账款拖延	16	

续表

摘要示例	来源	概念	频次	初级范畴
行业门槛低，没有过多的技术难度，随时会有新的企业进入	16	a6 技术障碍	10	A2 行业壁垒
汽车行业需要大量资金，这会对新进入者构成相当的障碍，尤其是在广告和研发等方面的巨大投资，需要新进入者有足够的勇气	13	a7 资金需求	11	
立邦、3M 这样的跨国化工企业在成本、渠道上的优势，提高了国内化工行业的进入门槛	29	a8 规模经济	8	
政府通过核发执照，限制了国外资本和民营资本进入能源化工行业	29	a9 政策限制	11	
产品同质化严重，相互模仿，大同小异	8	a10 功能差异	10	A3 行业产品差异程度
国内企业只能做系统集成这些低技术服务和产品，在低端市场进行同质化竞争	2	a11 技术差异	7	
中国品牌汽车大多针对中低端客户，价格主要集中在 8～12 万元	21	a12 价格差异	13	
广告投入虽然越来越多，但相互模仿，没有特色，顾客能记住的不多	6	a13 促销差异	9	
速冻食品从冷藏车、冷藏仓库到超市冷藏柜，储运投入巨大	16	a14 仓储成本	7	A4 渠道运营成本
每年都要花费很多的精力、时间、财物去维护与经销商的关系	24	a15 渠道维护费	15	
管理规范的汽车厂商，对 4S 店的维修技师通常会进行专业培训	21	a16 人员培训	3	
想进入大型超市销售，就要给人家交“入场费”	16	a17 终端费用	6	
零部件运输费用不断上升，使得物资采购成本增加	11	a18 物流成本	8	
黄金时段的电视广告最多的估计就是汽车了，这可是一笔很大的开支	20	a19 促销费用	9	

续表

摘要示例	来源	概念	频次	初级范畴
整个制造业的萧条导致机器卖不出去，没有业务收入，就没有利润，何谈发展	27	a20 经营收入	19	A5 主营业务利润
粮食价格的稳定对于食品行业是最为重要的	24	a21 生产成本	18	
以前2000元就差不多了，现在3000元管吃管住还不一定能招到人	18	a22 人员工资	16	
市场不景气，但各项税率、管理费用几乎没变	1	a23 税费缴纳	12	
国内也有铁矿石，可是质量不行	3	a24 原料质量	9	A6 物资保障程度
行内企业关键部件基本靠进口，有时供货跟不上，就会耽误生产	4	a25 供货时间	8	
食品企业的采购原料多以农产品为主，运输过程中容易破损	24	a26 物流损失	7	
自主品牌汽车尽管引进了核心技术，但与国外品牌相比，小问题仍然较多	20	a27 产品可靠性	13	A7 行业产品质量状况
收费标准不明示、重复收费、额外收费似乎成了所有4S店的“专利”	21	a28 定价合理性	9	
4S店维修人员“只换不修”的行为使得整个汽车销售行业失去信任	13	a29 员工服务	12	
汽车的保修条款使很多车主不满，如电子设备不保修或缩短保修期	21	a30 售后服务	9	
近几年，化工产品的国家质量标准越来越严格，使得化工企业必须在生产工艺、物资管控等多方面要提高水平	28	a31 质量标准	10	

续表

摘要示例	来源	概念	频次	初级范畴
全球铁矿石的生产和销售主要被巴西、澳大利亚等国家的几家矿产集团控制着	5	a32 资源垄断	8	A8 关键物资供应商状况
在石化行业所需物资中，很多是易燃易爆、剧毒物质等危险品，一旦有采购不达标的就可能引发重大事故，必须对供应商严格挑选	28	a33 物资特点	5	
ESP 的核心技术掌握在德国和日本的几家公司中，国内汽车厂商选择的余地不大	6	a34 技术因素	3	
物资采购波动性较大，在销售旺季时，原料采购真是不易解决	19	a35 采购波动性	7	
化工企业采购物资包括生产原料、设备、零部件，涉及的行业和种类也很多	3	a36 物资种类	6	
据普华永道研究报告显示，2014 年，计算机与电子、医疗和汽车业占全球企业研发总支出的 50%，但高投入带来高风险，这三个行业的技术竞争也是最激烈的	2	a37 产品研发	6	A9 研发投入
自主品牌的畅销车型几乎是由欧洲设计中心完成的，设计人员多是聘用业界精英，这需要很大的投入	21	a38 研发模式	3	
电子行业的基础研究投入太大，但回报期长，只有实力很强的企业才敢于冒此风险	8	a39 基础研究投入	2	
高水平的技术人员成为行业中的稀缺资源，年薪百万的工程师不是新鲜事，对于人才的争夺很激烈	13	a40 研发人员工资	9	
从高校、科研院所或是其他企业购买专利，可以弥补企业自己研发能力的不足，但也存在技术是否适用和过时的风险	25	a41 技术购买费用	5	

续表

摘要示例	来源	概念	频次	初级范畴
电商平台对食品行业的销售模式也将带来巨大改变，可以帮助减少层级和成本，符合渠道扁平化趋势，但很多企业没有做好准备	16	a42 多元化程度	5	
在 IT 产业链中，如联想、IBM、HP、DELL 等大公司设立的大客户部等就属于零级渠道，但小公司，只能通过中间商销售，这对利润有很大影响	2	a43 层级数量	11	
家电行业在各地区中心城市的销售商太多，但在县城、乡镇布点太少	25	a44 地区结构	3	A10 渠道结构
对于大的行业客户可由大客户部直接销售，对中小企业可采用传统的分销渠道，但有的企业渠道太僵硬，没有变化，失去了不少市场机会	10	a45 结构适应性	2	
通常，第一季度的汽车销售最不好，所以库存压力较大，而第三季度销售最旺，顾客要等 2 个多月，所以很多著名品牌销售商就借此提出“加价提车”。	13	a46 时间效用	4	
1.6 升以下的购置税减半使得大排量轿车销量受到了影响	20	a47 税收政策	7	
汽车环保政策要求油耗标准一再降低，对汽车企业的影响还是很大的	11	a48 环保政策	3	
几年前的住房限购政策，使很多房地产商的销量出现了不小程度的下降	12	a49 产业政策	5	A11 相关政策
进口税率下调后，从新西兰、澳大利亚进口的乳制品便宜了很多，国内乳品企业的日子不好过	16	a50 关税政策	3	
城市经济职能的转变使得传统企业要么从城市迁出，要么进行转产，在这一过程中，就会出现各类意想不到的困难	29	a51 产业布局	4	

续表

摘要示例	来源	概念	频次	初级范畴
资产规模是银行放贷的关键参考依据	15	a52 资产规模	10	A12 资产信用
在纺织服装行业的上市公司中，资产负债率超过50%的有23家，超过60%的有12家，负债这么多，银行、供货商等关联企业对你的公司信任程度自然不高	14	a53 负债水平	9	
某款畅销车发生断轴事件之后，顾客似乎对这一著名品牌的不再那么痴迷了，该品牌汽车的销量比往年下降了不少	26	a54 无形资产	3	
由于对未来房价看跌，银行对于房地产行业的贷款普遍收紧，目前从银行获得贷款的难度很大	14	a55 未来收益	5	
前几年，就曾有上市医药企业因隐瞒真实财务状况，违规披露财务信息，受到证监会的处罚	26	a56 财务信息可靠性	6	
最近几年经济大环境不好，影响最深的就是钢铁行业，能盈利的企业不多	5	a57 经济环境	23	A13 宏观经济
外需不足，一大批江苏、福建等地的出口型中小企业倒闭，使得很多农民工没了工作，要么转行，要么返乡	25	a58 就业水平	7	
老百姓对未来收入不乐观，为防不测，只想着存钱，导致消费倾向下降，所以，中国消费需求的增长远远落后于居民储蓄的增长	7	a59 消费疲软	20	
金融危机的影响逐渐放大，出口受到了很大影响，只能把注意力转移到国内	1	a60 金融危机	15	

续表

摘要示例	来源	概念	频次	初级范畴
奶源是乳品企业最重要的资源，“三鹿事件”后，很多企业都是自己办奶牛厂	16	a61 资源依赖	7	A14 行业的依赖性
汽车制造企业的资产负债率比较高，没有大资本的支持是不行的	21	a62 资本依赖	5	
房地产行业不景气，建材产品销售也受影响	9	a63 产业依赖	4	
服装业是典型的出口依赖型行业，产品出口额占出口商品总额的 20% 左右，但目前外需萎靡，服装行业受到了很大的冲击	14	a64 消费依赖	6	
汽油的价格机制随意变更或不执行，增加了企业物流成本的控制难度	24	a65 法规多变性	11	A15 法规完善程度
行业标准中的有些规定，与实际情况不相符，在制定时还需多听取企业意见	26	a66 制定程序	6	
近年政府对于化工行业环境违法的处罚力度明显加强，除罚款、停产、查封、扣押生产设备外，还有被行政拘留的和判刑的	28	a67 处罚力度	5	
对于产品外观、包装、商标等方面的侵权行为时有发生，但如何认定和处罚这样的行为，法律还缺少较细的规定	25	a68 法规适应性	9	
产品出了问题，公司、代理商、经销商的责任如何认定和划分，此外，有些罚款条文规定在 5% ~20%，上下限差距太大	19	a69 法规明确性	7	
2008 年以来 铁矿石价格上涨了 80%，这是我国钢铁企业陷入亏损的重要原因	3	a70 价格上涨	12	A16 物资价格
实行圈养后，饲养山羊的牧民少了很多，使得这两年羊绒价格涨了 30%	14	a71 供给减少	7	
由于大衣面料保暖性能取得突破性进展，各种背景的中小企业纷纷上马生产，市场上突然冒出 500 多个品牌，造成原料采购困难	14	a72 原料需求增加	6	

续表

摘要示例	来源	概念	频次	初级范畴
媒体对于我国食品企业的质量安全总是充满着怀疑和批评	16	a73 媒体信息	5	A17 社会信誉
可能是由于竞争过于激烈，大多数食品企业疲于生存，对于保护环境，消除贫穷等问题似乎不太关心，这也是公众评价不佳的重要原因	24	a74 社会责任	4	
很多小企业为了不交营业税，通过假账将营业额“控制”在2万元以下，如果被曝光，对整个行业诚信度都有损害	18	a75 诚信纳税	7	
某两个著名汽车品牌的“断轴和气囊无法打开”事件，对于汽车行业的信任度还是有影响的	13	a76 公众信任	5	
个别企业凭着自己的垄断地位总是摆出一种高高在上的态度，影响整个化工行业的社会信誉	28	a77 行业亲和力	2	
三鹿奶粉事件，的确是对乳制品行业造成了不小的负面影响	16	a78 社会舆论	14	
居民家庭安装固定电话的越来越少了，电话机逐渐成为行业的小众市场	23	a79 市场潜力	5	A18 行业的 成长性
食品行业竞争很激烈，但民以食为天，还是有很多市场机会的	24	a80 行业地位	7	
汽车行业要在价值创造、顾客体验等多方面进行新的尝试，改变目前的销售模式	4	a81 商业模式	9	
从中药中分离出有效成分，做成中药注射剂，使得中药产品的竞争力明显提升	26	a82 核心技术	5	
收音机属于典型的夕阳行业，基本没什么市场机会	25	a83 行业前景	13	

续表

摘要示例	来源	概念	频次	初级范畴
从2014年底开始，大部分车企库存量大幅增加，产销比扩大	21	a84 产销比率	6	A19 行业内 企业绩效
电子行业中60%的企业亏损，亏损上千万的企业也很多，企业生存困难，哪里还有力量搞研发、做市场	2	a85 亏损程度	7	
从销售量和利润看，2016年近一半的车企未能完成销售目标	21	a86 目标完成率	5	
原料、物流、工人工资都在上涨，各项生产成本和管理费用大大提高	29	a87 经营成本	11	
食品安全问题的解决需要质检、司法、工商等多部门的协同配合	24	a88 部门协调	7	A20 监管力度
建筑是否合格需要有公信力的独立鉴定机构来认证，但目前缺乏这样的机构	12	a89 监管主体	3	
很多企业欠债，即使赢了官司，执行也很困难	9	a90 法律执行力	11	
有的企业偷税漏税，可税务部门却“看”不到	9	a91 人员素质	7	
电商平台假货很多，网络似乎成了“法外之地”，这对实体店的影响特别大	22	a92 监管漏洞	6	
过度竞争和利润下降，使得大批中间商退出，给产品销售带来了极大困难	21	a93 中间商数量	14	A21 渠道控制
一些中间商跨区域销售，造成价格混乱，损害了其他经销商利益，影响信心	10	a94 串货现象	3	
在机械行业，对于中间商的选择是有较高要求的，有些特殊产品还需要资质	30	a95 中间商依赖	9	
由于在价格控制方面，销售商有较多话语权，导致家电企业利润薄的像刀片一样	25	a96 定价能力	11	

续表

摘要示例	来源	概念	频次	初级范畴
合资汽车品牌降价，使得本来售价就不高的自主品牌不得不下调价格，尽管销量有所增长，但 2016 年的销售额可能还会降低	21	a97 产品售价	20	A22 主营业务收入
人口结构的变化，买房的年轻人比以前少了很多，这是房子难卖的重要原因	7	a98 客户规模	11	
顾客对服装款式、面料、颜色的喜好变化大，流行趋势很难把握	14	a99 顾客偏好	7	
以前汽车销售量都是在 10% 以上的增长率，但 2015 年汽车销量的增幅下降明显	21	a100 产品销量	10	
欧美地区顾客的消费能力下降是我国服装行业出口贸易下滑的主要原因之一	14	a101 消费能力	16	
5 年前，在工业园里只有三家羊绒加工企业，可现在已经有十余家	14	a102 新入企业	7	A23 行业饱和程度
地板行业大概有三千家企业，没有一家企业的市场份额超过了 10%，每天都有企业倒闭，竞争特别激烈	8	a103 现有竞争者	15	
两年前的格力、乐视，现在的百度都是手机行业潜在进入者	1	a104 潜在进入者	3	
几家销售巨头占有了家电市场的大部分份额，小家电零售商竞争压力非常大	18	a105 垄断程度	7	A24 盈利机会
如家用空调，有客厅专用、卧室专用、浴室专用、婴儿专用，可以说已经发展到了产品无限细分化程度，可见空调企业间的竞争强度非常激烈	25	a106 产品细分程度	5	
服装业目前状况不好，但人人都要穿衣服，对服装款式等方面的偏好也在不断地变化，这意味着服装行业永远都有市场的机会	14	a107 需求多样化程度	11	
尽管行内企业的竞争激烈，但整体水平不高，还是有市场机会的	24	a108 行业水平	6	

续表

<table>
<tr><th>摘要示例</th><th>来源</th><th>概念</th><th>频次</th><th>初级范畴</th></tr>
<tr><td>在研发方面投入了不少资金和精力，但市场上总是有新产品出现，功能、设计都比你的好，这些投入就可能打了水漂</td><td>2</td><td>a109 产品更新速度</td><td>8</td><td rowspan="4">A25
产品更新速度</td></tr>
<tr><td>包括超细纤维、截面纤维、高吸水纤维等新的服装面料层出不穷，如果对新面料不了解，那么你的产品很快就被淘汰了</td><td>14</td><td>a110 新材料</td><td>5</td></tr>
<tr><td>如上网本在 2010 年达到销量巅峰后，但随着触摸屏技术的突破，平板电脑的崛起，上网本便迅速失宠，2015 年几乎绝迹了</td><td>4</td><td>a111 核心技术突破</td><td>4</td></tr>
<tr><td>刚开始只是几家企业从国外引进了新的设计和工艺，现在几乎所有的企业都在这样做，全行业的新产品研发和生产速度加快了</td><td>16</td><td>a112 工艺设备</td><td>3</td></tr>
</table>

3.3.2 二级编码：主轴式编码

通过开放式编码，本书将原始资料中提取出的 112 个概念聚拢为 25 个初级范畴，这些初级范畴可视为引发行业营销风险的关键要素。但开放式编码对于初级范畴之间的结构关系和从属关系并没有进行分析。因而，这些初级范畴都是独立的，无法确定它们源于何处，对其相互间的结构关系也不知晓。而主轴式编码能够通过编码主轴线、编码结构图和典范模型将各项初级范畴加以联结，按照“因果条件—现象—脉络—中介条件—行动互动策略—结果”的逻辑思维，将各层级范畴有机地联结到一起，从而将被分解的资料重新整合（Corbin and Strauss，1990）。其关键任务是探索和建立范畴间因果、情景、功能、过程、时间继起等相互关系（于建原等，2007）。因而，运用主轴式编码，通过聚类和降维分析，可以将关键风险因素的来源、构成等清晰地展示出来。

按主轴式编码的要求，本书将“行业营销风险关键因素的来源”确定为主轴线，然后比较和分析各项初级范畴之间的因果关系（associated with）、情境关系（part of）等关联关系，采用编码结构图对各初级范畴按“同源聚拢”的原则进行抽象归类。同时，通过典范模型将各主要范畴内部关系清晰地展示出来。具体分析过程包括以下几方面。

3.3.2.1　主要范畴一：行业环境风险

行业环境风险是由于行业内外部环境变化对企业营销活动产生的不利影响。本书通过反复比较和甄别，重点考虑初级范畴之间的因果关系、情境关系，按“同源聚拢”原则，借助思维导图软件 Mindjet Mindmanager Pro 7.0 的帮助，进行编码的整理，最终形成了 7 个初级范畴、3 个次要范畴和 1 个主要范畴。借助 MM Pro 7.0 编制的行业环境风险编码结构图，如图 3－3 所示。

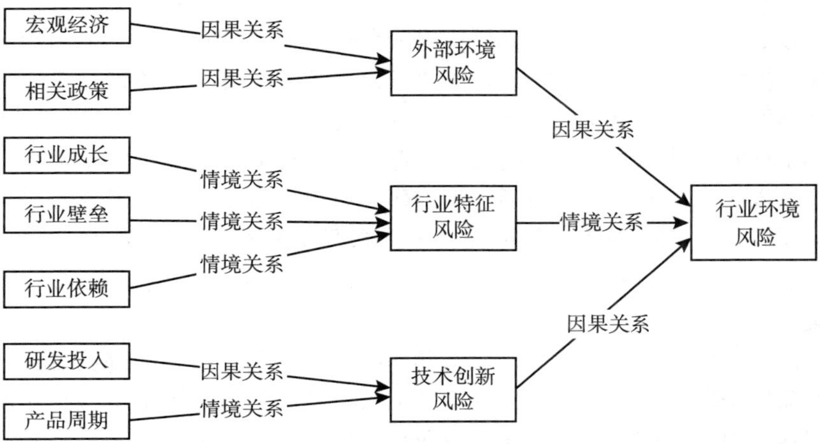

图 3－3　主要范畴一：行业环境风险编码结构

在以上研究的基础上，本书通过分析风险各要素之间的关系，构建了行业环境风险典范模型（paradigm model）。按照扎根理论的要求，研究者还应建立一个以行动取向为指导的理论雏形，作为证据链，来验证典范模型中的各种类属关系，以判断模型所建立起的分析方式和结论是否具有实践意义。理论雏形应将分析重点放在处理和解决现实问题上，其分析基础是当事人的实践理性（Corbin and Strauss，1990）。

行业环境风险典范模型如表 3－3 所示。

表 3-3　　行业环境风险典范模型

模型条目	范畴名称
因果条件	宏观经济、相关政策
现象	行业环境风险
脉络	行业依赖、行业成长
中介条件	外部条件、内在特征
行动策略	研发投入、产品周期、行业壁垒
结果	减小行业环境风险造成的影响

鉴于此，本书通过对行业环境风险典范模型的分析后，可以发现这样一条证据链：由于宏观经济或相关政策出现了不利变化，使得行业自身及其所依赖的关联产业受到影响（中介条件），进而损害了行业发展所需的外部条件和内部基础（行业环境），造成行业营销系统难以正常运行。面对这种境况，行业内企业可通过增加研发以投入提升产品技术含量、加快推出新产品（产品周期）等措施，来提高行业进入难度（行业壁垒），降低行业竞争程度，进而减小行业环境风险对企业营销活动带来的不利影响。

以上证据链是以企业行动取向和解决现实问题为指导的理论雏形，涉及范畴均是原始资料中事件、观点的抽象与总结，互动策略也是企业的理性实践。因而，该证据链构建了行业环境风险内的主范畴、次范畴和初级范畴之间的联系链条，揭示了行业环境风险范畴内各层级因素的紧密关系，验证了本书所构建典范模型中的类属关系具有实践意义。

3.3.2.2　主要范畴二：营销资源风险

营销资源风险是指行业营销系统运行所依托的市场、企业、渠道和物资等营销资源的功能和价值发生损失或退化，对其有序运行产生的不利影响或危害。通过反复比较和甄别，按前文中同样的思路和方法，借助思维导图软件 Mindjet Mindmanager Pro 7.0 帮助进行编码的整理，最终形成了 13 个初级范畴、4 个次要范畴和 1 个主要范畴，如图 3-4 所示。

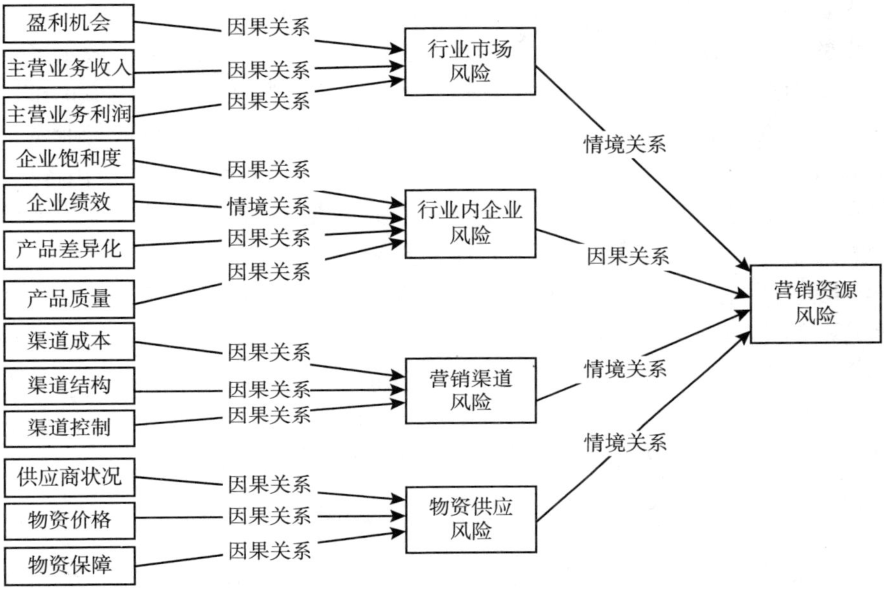

图 3－4　主要范畴二：营销资源风险编码结构

根据各要素之间的相互关系，本书构建了营销资源风险典范模型，如表 3－4 所示。

表 3－4　营销资源风险典范模型

模型条目	范畴名称
因果条件	盈利机会、企业饱和度、渠道成本、物资价格
现象	营销资源风险
脉络	主营业务收入、主营业务利润、企业绩效
中介条件	行业市场、渠道控制、物资保障
行动策略	产品差异化、产品质量、供应商状况、渠道结构
结果	减小或规避行业营销资源风险带来的冲击

通过对营销资源风险模型的分析，可以展示出这样一条证据链：由于行业内企业数量过多（企业饱和度）以及市场盈利机会的减少，造成了行

业内企业主营业务收入和主营业务利润的降低。加之渠道成本和物资采购价格的上升，进一步增加了企业的运营成本，导致行业内企业绩效水平下降，从而造成行业内企业对营销渠道的控制力逐渐减弱，物资供应也难以保障。最终对市场、渠道和物资等资源要素带来较大损害，形成行业营销资源风险。在这一情境下，企业可通过提高产品质量和产品差异化程度，寻找更合适的供应商以保障物资供应，减少渠道层级或扩展渠道宽进而改善渠道结构等措施，减小或规避行业营销资源风险带来的冲击。

以上证据链是以企业行动取向和解决现实问题为指导的理论雏形，涉及范畴均是原始资料中事件、观点的抽象与总结，互动策略也是企业的理性实践。因而，该证据链构建了行业营销资源风险范畴内的主范畴、次范畴和初级范畴之间的联系链条，揭示了营销资源风险范畴内各因素间的紧密关系，验证了典范模型中的类属关系具有实践意义。

3.3.2.3 主要范畴三：运行保障风险

行业信用和行业监管是行业营销系统良性运行的基础，运行保障风险主要来自行业信用的缺失以及行业监管的不力。按照前文同样的研究思路和方法，形成了 5 个初级范畴、2 个次要范畴和 1 个主要范畴。扎根理论对行业环境风险的分析结果如图 3 -5 所示。图 3 -5 为本书借助 Mindjet Mindmanager Pro 7.0 编制的行业环境风险编码结构图。

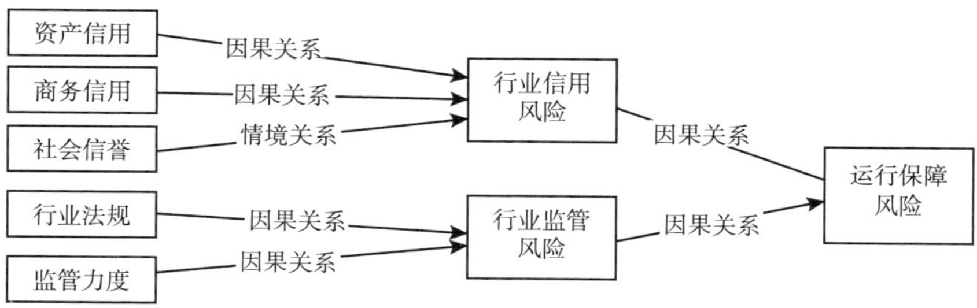

图 3 -5 主要范畴三：运行保障风险编码结构

通过分析风险各要素之间的关系，本书构建了运行保障风险典范模型，如表 3 -5 所示。

表 3 -5　运行保障风险典范模型

模型条目	范畴名称
因果条件	行业监管、商务信用
现象	运行保障风险
脉络	资产信用、行业信誉
中介条件	行业信用
行动策略	行业法规、监管力度
结果	加强行业运行保障力度

该模型展示出这样一条证据链：由于政府相关部门等机构监管工作不到位，使得行业内企业在公平竞争、账款结算、服务品质等商务信用方面出现了问题，从而损害了行业的社会信誉和资产信用。在这种情况下，行业整体信用程度将会大大降低，最终导致全行业的营销活动缺乏保障和可信度。面对这种情境，行业监管部门可通过完善行业法规、加强监管力度，以维护和提升行业信用，进而增强行业营销系统运行的保障力度。

以上证据链是以行业监管机构的行动取向和解决现实问题为指导的理论雏形，涉及范畴均是原始资料中事件、观点的抽象与总结，互动策略也是行业管理部门的理性实践。通过以上分析可知，该证据链构建了行业运行保障风险内的主范畴、次范畴和初级范畴之间的联系链条，揭示了运行保障风险范畴内各层级因素的紧密关系，验证了该典范模型中的类属关系具有实践意义。

3.3.2.4　主轴式编码的形成

在三级编码的过程中，本书应用编码技术中的网络结构图和典范模型，对样本资料进行反复比较和细致甄别，最终形成了 25 个初级范畴、9 个次要范畴和 3 个主要范畴的主轴式编码，为选择式编码和理论框架的形成奠定了基础，如表 3 -6 所示。

表 3-6 行业营销风险主轴式编码

初级范畴	次要范畴	主要范畴
A13 宏观经济	B_1 外部环境风险	C_1 行业环境风险
A11 相关政策		
A18 行业成长	B_2 行业特征风险	
A2 行业壁垒		
A14 行业依赖		
A9 研发投入	B_3 技术创新风险	
A25 产品周期		
A24 盈利机会	B_4 行业市场风险	C_2 营销资源风险
A22 主营业务收入		
A5 主营业务利润		
A23 行业饱和度	B_5 行业内企业风险	
A19 企业绩效		
A3 产品差异化		
A7 产品质量		
A4 渠道成本	B_6 营销渠道风险	
A10 渠道结构		
A21 渠道控制		
A8 供应商状况	B_7 物资供应风险	
A16 物资价格		
A6 物资保障		
A12 资产信用	B_8 行业信用风险	C_3 运行保障风险
A1 商务信用		
A17 社会信誉		
A15 行业法规	B_9 行业监管风险	
A20 监管力度		

3.3.3 三级编码：选择式编码

通过开放式编码和主轴式编码，初步构建了以三个主要范畴为核心的理论雏形，从中可以看到，引发行业性营销风险的关键因素及其来源和影响范围。但是，以上两个编码过程并未对行业环境风险、营销资源风险和运行保障风险这三个理论雏形间的关系进行深入分析。因此，还没形成一个完整的理论体系。按照扎根理论研究方法的要求，这一工作需运用选择式编码来完成。

选择式编码是在经历了资料搜集和分析后，将提取的所有因素，围绕核心范畴（core category）构建一个新的理论模型的探索性过程。选择式编码的工作程序是：第一，确定资料的故事线；第二，对主范畴和次范畴进行描述；第三，检验已经建立的初步假设或理论雏形；第四，挑选出核心范畴；第五，在核心范畴和其他范畴之间建立系统的联系（陈向明，1999）。其中，核心范畴代表了研究中最重要的现象，它既可以从已经识别的范畴中出现，也可以根据解释核心现象的需要，从更抽象的层面提取出来（Corbin and Strauss，1990）。

核心范畴在整个范畴群中居于统领性地位，起到提纲挈领的作用，必须频繁出现在资料中，并与最大数量的范畴之间存在意义关联，是比较稳定的现象（陈向明，1999）。因而，确定核心范畴是选择式编码过程最为重要的工作。

虽然目前学术界对核心范畴的定义尚未有明确的定论，但学者们在研究中普遍将能否提出一个以核心范畴为中心的图示性理论框架作为评判标准（于建原等，2007；朱荣，2010；杜晓君等，2012）。基于以上认识，结合开放式编码以及主轴式编码的分析过程和研究结论，本书形成了一个关于行业营销风险的理论性编码模型。如图3－6所示。

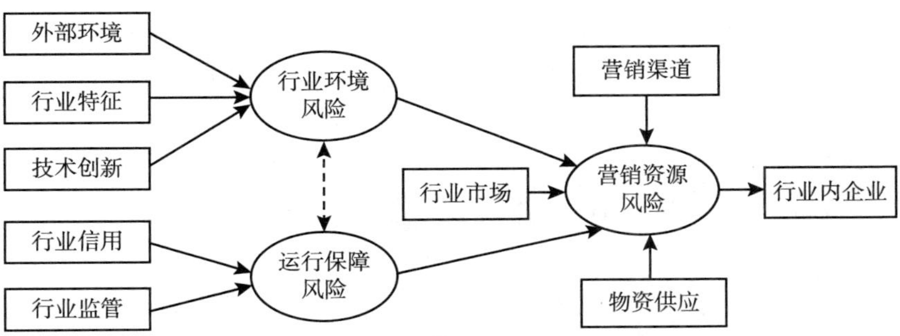

图3－6 行业营销风险理论性编码模型

通过对行业营销风险理论性编码模型的分析，本书可以从资料中摘出一条明确的行业营销风险故事线：近几年，由于宏观经济、行业政策、技术变革等环境因素的变化，使得一些行业的营销环境恶化。同时，由于我国市场经济体制尚处于建立的过程中，一些行业在公平竞争、账款结算、服务品质等信用方面问题凸显，加之法规的不完善以及行业监管的缺失，导致企业营销活动缺乏充分的保障。在以上两大风险源的综合作用下，市场、渠道、物资等行业营销资源要素受损也在所难免，如市场需求疲软、营销渠道不畅、物资保障困难等问题频繁出现，最终导致行业内企业的营销活动受到影响、营销目标无法实现，甚至亏损倒闭。在此过程中，行业环境风险和行业保障风险会出现相互影响的情况（图 3 – 6 中用虚线表示），如法规的缺失可能会导致行业发展环境恶化，而经济危机带来的企业倒闭等问题会降低市场交易信用。

在这条故事线中，围绕着行业营销资源风险，各主要范畴和次要范畴能够有机结合在一起，形成一个逻辑严密、内容丰富的概念体系。由此可以认为，营销资源风险是行业营销风险理论模型的核心范畴。

陈向明（1999，2000）提出了扎根理论结果的四个评价标准：（1）概念和范畴来源于原始资料；（2）概念与范畴要有充分的发展；（3）理论要素之间要有意义关联，并形成统一的联系整体；（4）理论应具有较强的运用价值和解释力。对照上述要求，本书通过基于扎根理论的不断比较和反复甄别，严格遵守扎根理论的编码原则和程序，从 30 个样本资料中提取出 112 个概念、25 个初级范畴、9 个次要范畴、3 个主要范畴和 1 个核心范畴，并形成了如图 3 – 5 所示的行业营销风险理论性编码模型，形成了一个内容丰富，且有明显的维度和层次划分的概念体系。概念之间存在意义关联性，对现实风险问题也具有较好的解释力。由此可以认为，本章的研究结果符合上述要求。至此，行业营销风险理论研究框架已经基本呈现。

3.3.4 基于扎根理论的研究结果

本书对原始资料经过反复比较和细致甄别，通过扎根理论研究方法的三级编码，最终形成了一个有明显的维度和层次划分的行业营销风险概念体系，对于行业营销风险的内涵、来源和构成有了更为清晰的认识。因而，对于行业营销风险的表述可以更为简明的概括为：行业营销风险是由于行业发展环境恶化、行业营销资源损伤以及行业运行保障缺失等问题，给行业内企业营销活动造成的不利影响。具体分析包括以下几个方面。

3.3.4.1　行业环境风险

行业环境风险是指由于行业内外部环境的变化对企业营销活动产生的不利影响。根据扎根理论的研究结论，本书认为行业环境风险主要来自三个方面。

（1）行业外部环境。主要包括宏观经济不景气，或政府实施了不利于行业发展的税收、产业调整等政策。对于此类风险，是很难预警和应对的，一旦爆发，通常也只能选择风险规避或风险承担。

（2）行业特征风险指行业固有属性所带来的风险。主要包括行业成长性、行业壁垒和行业依赖性。其中，行业成长性主要考虑行业发展前景、政府支持力度、市场潜力和行业地位（James P. Forkan，1998）；行业壁垒主要考虑行业可进入性，即进入该行业所要面对的资金、政策、技术和规模经济的压力，通常行业进入难度越大，风险越小；行业依赖性主要考虑该行业对于上下游产业、政府政策等方面的依赖程度，依赖程度越高，则风险越大（陈红艳，2010）。

（3）技术创新风险。此类风险可能来源于研发投入的损失，也可能来源于行业内部的产品更新。通常，某个行业的研发资金投入越大、产品更新速度越快，则行业内企业所承受的技术创新风险就越大（张友堂，2015）。

3.3.4.2　营销资源风险

营销资源风险是指由于行业营销资源的功能和价值发生损失或退化，给行业营销系统的有序运行带来的不利影响或危害。根据扎根研究的结论，营销要素风险主要源于市场、企业、渠道和物资四个方面，具体分析包括以下几个方面。

（1）市场风险。对于市场风险的大小程度首先可通过分析市场中是否存有较多的盈利机会来判断。一般来讲，垄断程度越高、市场细分越细、行业发展水平越高则盈利机会越少（Robert Allio，1992；Santoro，2009）。此外，行业主营业务收入和主营业务利润也是市场盈利能力的重要表现，可用行业销售额变化率和行业销售利润率进行评估。

（2）企业风险。企业是行业营销风险最终的承受者。同时，若行业内企业竞争过于激烈、亏损严重，也是行业营销风险的重要来源。对于企业风险的大小主要可通过行业内企业饱和度、企业绩效水平、产品差异化程度以及产品质量等因素进行分析。

（3）渠道风险。根据本书扎根研究的结论，渠道风险主要由渠道营运成本增加、渠道结构不合理以及渠道控制力减弱等因素引发。其中，渠道营运成本主要由渠道维护费用、物流仓储费用、人员培训费用和销售终端费用等构成（张云起，2014）。渠道结构的合理性主要考虑中间商层级、地区结构和时间效用等方面是否适应行业的实际需要。渠道控制力主要关注行业内企业对中间商的依赖程度、中间商数量、产品定价权等因素（James R. G.，2010）。

（4）物资风险。物资风险主要受到供应商数量、物资采购价格、物资供应保障等因素的影响（张云起，2014）。由于营销资源是行业营销系统良性运行的基础和载体，一旦爆发风险，往往会给行业内企业的营销活动带来巨大损害，且一时难以恢复，是营销风险管理中需重点防范的领域。

3.3.4.3 运行保障风险

运行保障风险是指由于行业信用缺失和行业监管不力，给行业营销系统运行造成的不利影响。其中，行业监管的影响因素主要考虑行业法规是否完善以及监管是否有效（Murphy，2003）。而行业信用可从以下三个主要方面衡量：（1）资产信用。重点考察行业内企业的偿债能力，即企业负债与资产总额的比例关系，可用行业内企业平均资产负债率进行评估（张友堂，2015）。（2）商务信用。主要考虑行业内的公平竞争、诚实守信、合法经营、账款结算等方面的商务环境（Boyce，1995；Kit，2005）。（3）社会信誉。主要关注媒体、公众等社会舆论对行业的总体印象和信任程度。

3.4 研究结果检验

3.4.1 理论饱和度检验

理论饱和是指在用新的样本材料进行编码时，如果没有概念溢出，即没有新的范畴出现或范畴之间也没有产生新的关系，就可以认为该理论模型是饱和的（Pandit，1996）。同时，理论饱和度也是决定不再进行样本数据收集的鉴定标准。

本书从中国经济网等知名网站以及《市场营销案例分析》（徐彩国，2008）和《营销风险管理》（张云起，2014）中，选取了15个案例，包括13个企业营销风险案例和2份行业分析报告，涉及汽车、建筑、电子、化工、医药、家电、食品等10类制造型行业。所选案例覆盖面广，具有较强的代表性，与前文中受访者所在的行业分布结构基本一致。遵照扎根理论的基本原则和方法，对这些案例文本进行三级编码分析，来观测是否有概念溢出。若存在概念溢出现象，则说明前文建立的行业营销风险理论框架覆盖不完全，仍需补充和修正；若没有溢出，则说明该理论框架可以接受（贾跃千，2009）。

由于分析过程与3.3节一致，且篇幅较大，具体的编码过程就不在文中列出了。检验结果汇总如表3－7所示，案例来源以及行业分布等信息见附录2。

表3－7 营销风险案例初级范畴编码汇总

序号	案例名称	案例研究初级范畴	概念溢出
1	某电器企业40亿元坏账	宏观经济、行业成长、产品周期、盈利机会、主营业务收入、主营业务利润、企业饱和度、企业绩效、商务信用、行业法规、监管力度	否
2	乱世枭雄：某家电企业的兴衰	行业壁垒、研发投入、产品周期、盈利机会、企业饱和度、企业绩效、产品差异化、产品质量、渠道成本、渠道结构、渠道控制	否
3	某汽车品牌的断轴事件	相关政策、行业成长、研发投入、产品周期、盈利机会、渠道成本、渠道结构、渠道控制、物资价格、商务信用、社会信誉、行业法规、监管力度	否
4	某品牌饮料沉浮记	行业成长、行业壁垒、行业依赖、盈利机会、主营业务收入、主营业务利润、企业绩效、产品差异化、渠道成本、渠道结构、渠道控制、商务信用	否
5	小灵通渠道之乱	行业成长、行业壁垒、行业依赖、盈利机会、产品差异化、产品质量、渠道成本、渠道结构、渠道控制、供应商状况、商务信用	否

续表

序号	案例名称	案例研究初级范畴	概念溢出
6	某房地产企业面对危机的进退	宏观经济、相关政策、行业成长、盈利机会、主营业务收入、主营业务利润、企业饱和度、企业绩效、渠道结构、供应商状况、商务信用、社会信誉	否
7	某体育品牌营销分析	行业成长、行业壁垒、研发投入、产品周期、盈利机会、主营业务收入、主营业务利润、产品差异化、渠道成本、渠道结构、渠道控制、物资价格	否
8	某品牌手机的营销问题	宏观经济、研发投入、产品周期、盈利机会、主营业务收入、主营业务利润、企业饱和度、产品差异化、产品质量、渠道成本、渠道结构、渠道控制	否
9	中国制造的危机	宏观经济、相关政策、行业壁垒、行业依赖、研发投入、盈利机会、企业绩效、产品差异化、产品质量、物资价格、资产信用、商务信用、社会信誉	否
10	某汽车企业深陷营销泥潭	宏观经济、相关政策、产品周期、盈利机会、主营业务收入、主营业务利润、产品差异化、渠道成本、渠道结构、供应商状况、资产信用、社会信誉	否
11	被遗忘的某品牌隐形眼镜	相关政策、行业壁垒、研发投入、产品周期、盈利机会、企业饱和度、产品差异化、产品质量、商务信用、社会信誉、行业法规	否
12	某汽车企业的召回事件	相关政策、行业成长、研发投入、产品周期、盈利机会、渠道成本、主营业务利润、物资价格、商务信用、监管力度、社会信誉、行业法规	否
13	某国外洗衣粉在中国的挑战	行业成长、盈利机会、主营业务收入、主营业务利润、企业饱和度、产品差异化、渠道成本、渠道结构、渠道控制、物资价格、商务信用、行业法规	否
14	2015 年钢铁行业分析报告	宏观经济、相关政策、行业壁垒、研发投入、产品周期、盈利机会、主营业务收入、主营业务利润、企业饱和度、物资价格、物资保障、行业法规、监管力度	否
15	某制药企业的 PPA 事件	相关政策、行业壁垒、研发投入、产品周期、盈利机会、产品差异化、产品质量、渠道结构、渠道控制、商务信用、社会信誉、行业法规、监管力度	否

资料来源：见附录 2。

按照扎根理论的编码方法，通过典型案例对上节中的研究结论进行理论饱和度检验，发现没有出现概念溢出现象，说明模型中的范畴已经发展得非常丰富。对于影响行业营销风险的三个主范畴，也没有发现形成新的重要范畴和关系，各主范畴内部也没发现新的构成因子（贾跃千，2009）。因此，可以认定，本书所建立的理论模型通过饱和度检验。

3.4.2 研究信度

行业营销风险的研究是建立在编码分析基础上的，在编码过程中涉及研究者个人主观评价。因而，需要对编码一致性进行考察，即考察编码分析的信度，以避免由于个人原因造成的理解偏差。

扎根理论研究结论的信度评价通常采用归类一致性作为检验编码信度的指标。归类一致性是指不同编码者在对同一资料的编码归类中，相同的个数占编码总个数的百分比（李曼丽，2014）。通常，可由两个或两个以上的研究者按照相同的分析维度与方法，用不同研究者编码归类相同的个数与总编码个数的比值来表示。一般认为，编码一致性程度在 0.8 以上为可接受水平，在 0.9 以上为较好水平（RH Kolbe et al.，1991）。归类一致性的计算公式为：

$$CA=\frac{2\times(T_1\cap T_2)}{T_1+T_2}=\frac{(T_1+T_2)-D}{T_1+T_2} \tag{3-1}$$

在式（3－1）中，T_1、T_2 分别表示两位编码者的编码总体个数，$T_1\cap T_2$ 表示编码者编码归类的个数，T_1+T_2 表示编码者各自编码个数之后，D 表示编码者编码归类不同的个数。

笔者邀请两名市场营销专业的教师作为另一组编码专家，对访谈资料进行编码，并进行归类一致性检验。在编码前，对这两位教师进行了必要的培训，详细说明三级编码的规则与程序，并告知比较归类的基本原则。例如，组成类属的要素和内部的形成结构、形成类属的原因和类属的作用等。检验结论如下，在 112 个概念中，两组人员的编码归类相同的有 98 个，归类一致性为 0.871；在 25 个初级范畴中，两组人员的编码归类相同的有 22 个，归类一致性为 0.88；在 9 个次要范畴中，编码个数相同的有 8 个，归类一致性为 0.889。以上编码一致性均达到了可接受水平（≥0.8）。由此可认为，本章的研究结论具有较高的信度水平。

3.4.3 研究效度

扎根理论研究结果的效度问题更为关注样本资料与现实情况的相符程度，更加强调基于研究者角度的一致性与真实性（贾跃千，2009）。为降低因主观原因而造成原始资料在某种程度上的偏差，本书通过以下方式确保研究的效度。

第一，在研究过程中，从资料收集和分析、提炼概念和范畴，到最终形成理论框架，都严格遵循扎根理论方法的原则和要求展开，并借助质性研究中应用较为广泛的思维导图软件 Mindjet Mindmanager Pro 7.0 进行编码的整理，在提高研究效率的同时，也进一步提升了研究结论的效度。

第二，原始资料来源于 30 位访谈对象，分布在 10 个行业的 30 家工业制造企业，且有丰富的营销实践经验。通过与访谈对象进行直接的沟通交流，建立了多个证据来源，确保了数据的完整性和准确性。

第三，在访谈中，笔者与受访者进行互动，引发受访者深层次的思考，但不针对访谈内容发表观点，以免影响受访者真实意思的表达。访谈后要将现场记录与录音进行分析整理，形成访谈记录文本，有不明确之处与受访者通过电话、微信等及时沟通，最后还将访谈记录通过电子邮件的形式发还给受访者，以检验是否存在语意和理解上的偏差，从而确保了真实意思的表达。

第四，用典型营销风险案例，对访谈记录的扎根研究结论进行理论饱和度检验，没有发现概念溢出的现象，也没有发现形成新的重要范畴和关系，各主范畴内部也没发现新的构成因子。基于以上分析可以认定，本书所建立的理论模型通过饱和度检验。

3.5 行业营销风险评价指标体系构建

在本书所构建的行业营销风险理论框架中最为重要的是代表行业营销风险关键要素的 25 个初级范畴。但在这些初级范畴中，很多并不能直接用来进行风险评估，必须用可以计算和比较的指标对其进行科学合理的解释。在选择指标的过程中，需要注意以下两个问题：一是要确保所需要的相关数据能够通过政府或企业的统计报表等途径获取；二是对于某些关键要素可能会有多个指标能够对其进行解释，若都选取，难免会发生彼此间的重叠。因此，需从中选择一个综合性强、最能反映该要素内涵的指标。

综合以上分析，本书对于行业营销风险指数采用的是多因素层次分析法进行分层研究，将评价指标体系分为目标层、维度层、要素层和指标层。其中，目标层是指行业营销风险总指数；维度层对应的是主要范畴；要素层对应的是次要范畴；指标层对应的是初级范畴。基于扎根方法的研究结论，结合相关成果和笔者的前期积累，本书以行业环境风险、营销资源风险和运行保障风险 3 个维度为基础，进而提出了 9 个要素以及 25 个评价指标，构建了行业营销风险评价指标体系，如表 3 - 8 所示。

表 3 - 8　　行业营销风险评价指标体系

维度层	要素	评价指标代码	指标属性
行业环境风险 B_1	外部环境 C_1	宏观经济景气指数 C_{11}	客观效益型
		相关政策不利变化 C_{12}	主观成本型
	行业特征 C_2	行业成长性 C_{21}	主观效益型
		行业可进入性 C_{22}	主观成本型
		行业依赖性 C_{23}	主观成本型
	技术创新 C_3	行业研发投入比例 C_{31}	客观成本型
		主导产品周期 C_{32}	客观效益型
营销资源风险 B_2	行业市场 C_4	盈利机会 C_{41}	主观效益型
		行业主营业务收入增长率 C_{42}	客观效益型
		行业主营业务利润率 C_{43}	客观效益型
	行内企业 C_5	行业饱和度 C_{51}	主观成本型
		行业内企业绩效下降面 C_{52}	客观成本型
		行业产品差异化程度 C_{53}	主观效益型
		行业产品质量投诉率 C_{54}	客观成本型
	营销渠道 C_6	渠道营运成本率 C_{61}	客观成本型
		渠道结构合理性 C_{62}	主观效益型
		渠道控制力 C_{63}	主观效益型
	物资供应 C_7	关键物资供应商 C_{71}	主观效益型
		物资价格增长率 C_{72}	客观成本型
		物资保障程度 C_{73}	主观效益型

续表

维度层	要素	评价指标代码	指标属性
运行保障风险 B_3	行业信用 C_8	平均资产负债率 C_{81}	客观成本型
		商务信用 C_{82}	主观效益型
		公众信任度 C_{83}	客观效益型
	行业监管 C_9	法规的完善程度 C_{91}	主观效益型
		监管力度 C_{92}	主观效益型

注：对表3-8中个别指标的解释：

*经济景气指数：本书选定的参考值是国家统计局中国经济景气监测中心发布的中国经济综合指数，取值范围在1~9之间，数值越大，表明风险越大。

*行业研发投入比例：行业研发投入比例越大，风险越大。

*主导产品周期：指行业主导产品从上市到退出或换代的平均时间。该指标表明了产品更新速度的快慢。周期越短，则风险越大。

*行业内企业绩效下降面：该指标用于评估行业内企业的绩效水平和经营风险状态。企业绩效下降面的计算公式为：评估期内利润下降企业数量/评估企业总数。数值越大，表明风险越大。

*渠道营运成本率：渠道营运成本/主营业务收入，该数值越大，表明风险越大。

*渠道控制力可通过对中间商的依赖程度、中间商数量与实力、产品定价权来衡量，渠道控制力越好，表明营销系统越安全。

*关键物资供应商：行业核心物资或部件供应商的数量、实力以及信用程度。

*物资保障程度：主要指行业所需主要物资的供货时间、物资质量和物流损失。

*平均资产负债率：行业内企业平均资产负债率。

*商务信用：主要考虑行业内的公平竞争、诚实守信、合法经营、账款结算等方面的商务环境。

*公众信任度：反映了行业的社会信誉水平。信任度越大，风险越小。

*监管力度：监管力度越大，该指标的风险评价值越小，表明营销系统越安全。

由于本书对行业营销风险指数评估是基于评价指标属性展开的，因而，在表3-8中，对于指标属性除了按传统的客观与主观进行区分外，还增加了效益型和成本型的判别标准。其中，效益型指标越大，表示营销系统越安全，越小则表示风险越大，即“越大越好”，如主营业务利润率、行业成长性等；成本型指标也称逆指标，这类指标值越小越好，越大则表示风险越大，如资产负债率、研发投入比例、行业饱和度等。此外，若指数评估所需宏观性的行业数据难以获取，可按统计理论中的“划类选典法”，通过计算入样企业相关数据的平均值获取。

需要指出的是，尽管表3-8所示的指标体系较为全面地涵盖了行业营销风险的各个方面，对不同的行业，尤其对制造行业具有较高的参考价值。但由于不同行业所面临市场状况的差异性，其营销模式以及营销风险的实际情况也不相同。因此，在实际应用中，为保证风险评估和预警的实效性，应结合行业特点对指标体系进行相应的调整。通常，可删减一些对该行业影响非常小、可以忽略的指标，而用一些能够代表行业特点的指标进行替换；或是根据指标在不同行业营销风险中的重要程度，对其权重进行调整。如果能建立起行业性的营销风险评价指标数据库或指标池，对营销风险预警和控制的实践指导性会更强。

3.6　本章小结

在本章中，笔者运用扎根理论的研究方法对行业营销风险的内涵、来源与构成等基本理论进行了探索性研究。通过不断比较和反复甄别，并严格遵守扎根理论的编码原则和程序，从 30 个样本资料中提取了 112 个概念、25 个初级范畴、9 个次要范畴、3 个主要范畴和 1 个核心范畴，最终形成了一个内容丰富，且有明显的维度和层次划分的概念体系。在这一过程中，从资料收集和分析、提炼概念和范畴，到最终形成理论框架，都严格遵循扎根理论的原则和要求展开。因而，所形成的行业营销风险基本理论充分体现了行业营销风险的本质特征，拓展了营销风险研究的视野和理论框架。在以上研究的基础上，所构建的行业营销风险评价指标体系具有较强的科学性和可操作性，为下一步的指数评估奠定了基础。

第 4 章

行业营销风险 FA－BD 指数评估模型构建

风险评估是对某一特定风险发生的可能性以及风险损失程度进行估计和度量，也是把各类纷繁复杂的风险数据转化为简明清晰的风险指数的首要阶段，起到风险管理过程中风险辨识与风险预警间的桥梁作用（陈建华，2007）。本章基于模糊数学、盲数理论以及指数基本思想和方法，以综合评价法（AHP Fuzzy Accurate，AFA）为思想基础，根据行业营销风险的基本特征及评估的实际需要，构建了行业营销风险 FA－BD 指数评估模型。

4.1 基于综合评价法的行业营销风险 FA－BD 指数评估模型构建

在第 2 章中，通过相关文献的回顾与分析，提出了以下三个营销风险评估研究中亟待解决的关键问题：第一，由于缺少对主观指标和客观指标属性的深入分析，造成的风险评估方法往往无法体现出这两类指标不同的内在特点，从而使得评估结果出现一定程度的偏差；第二，对于如何有效处理盲信息环境下的营销风险评估问题，尚未发现被学术界认可或广泛应用的处理方法；第三，由于缺乏对不同专家在经验、能力以及问题的把握程度等方面差异性的充分考虑，从而影响评估结果的可信度。笔者将以上问题作为本书进行行业营销风险指数评估研究的切入点，以综合评价法（AFA）为思想基础，在充分借鉴相关学科研究成果的基础上，力争提出有效的解决方案，使得本书在进一步改进和完善营销风险评估方法的同时，也体现出自身的研究价值。

4.1.1　综合评价法概述与原理分析

4.1.1.1　综合评价法概述

在行业营销风险指标体系中，既有客观指标，也有主观指标，加之行业营销风险的复杂性和多变性，使得在行业营销风险指数评估过程中，既需要定量分析，也涉及定性评价。因而，必须将多种方法有机融合在一起，才能获取准确的评估结果，这也正是综合评价方法的基本思想和主旨。综合评价是以一种理论为基础，采用综合集成的思想，将两种或两种以上的方法加以改造并结合，获得一种新的评估方法（陈衍泰，2004）。借鉴前人的研究成果（李红，2012），本书对评估方法的选取提出了三项原则：第一，差异性。所选方法在功能、作用、适用领域方面要有差异，在组合评价时才能发挥各自的特点。第二，兼容性。在对所选方法进行组合的过程中，要注意协调互补，对不同方法加以优化，有机结合。第三，可比性。为确保最终获取的综合指数具有一致性和可比性，须将不同方法所获取的评估结果置于同一个分析框架中进行运算。

4.1.1.2　综合评价法基本原理分析

在相关研究中，学者们已使用了多种组合评价方法，如多元统计方法、模糊灰色系列方法等（Jelonek，1995）。笔者通过对以往文献的回顾与比较，从中选取了可靠性较强、应用较为广泛的 AFA 综合评价法，作为本书进行行业营销风险评估研究的思想基础。AFA 综合评价法是一种以模糊数学为理论基础，通过隶属度函数和模糊统计方法，将难以量化的指标进行量化处理的方法，适用于复杂系统安全性与可靠性分析（柳顺，2010）。其突出特点是根据评价指标的不同属性，综合运用层次分析法（AHP）、模糊综合评价法（Fuzzy）以及精确值测量法（Accurate）相结合的方法来解决模糊指标和精确指标的量化问题。因此，也被称为 AFA 综合评价法。

在 AFA 综合评价法中，隶属度函数的构建和应用是该方法的关键。隶属度不是绝对的肯定或否定，而是以一个模糊集合来表示和描述模糊性问题，根据不同的可能性得出多个层次的题解，且具备较强的可扩展性，符合现代管理中“柔性管理”的思想，从而克服了传统数学方法中只有

“唯一解”的弊端（Jin，2011）。对于隶属度的作用原理，本书可以用下面的举例进行分析与说明。

设 x 为论域（研究范围）U 中的任一元素，若都有一个数 $F(x) \in [0, 1]$ 与之对应，则称 F 为论域 U 上的模糊集，$F(x)$ 称为 x 对 F 的隶属度。当 x 在 U 中变动时，$F(x)$ 就是一个函数，称 $F(x)$ 为 F 的隶属函数。隶属度 $F(x)$ 越接近 1，表示 x 属于 F 的程度越高；$F(x)$ 越接近 0，表示 x 属于 F 的程度越低。用取值于区间 [0，1] 的隶属函数 $F(x)$ 表征 x 属于 F 程度的高低。

在本书构建的行业营销风险指标体系中（见表 3 - 8），既包括行业成长性、销售渠道控制力等主观指标，也包括宏观经济指数、行业销售利润率等客观指标。如果简单地将这两类指标用传统的模糊评估法进行风险测量，势必会使得这两类指标缺乏统一标准和可比性，从而引起评价结果的混乱。因此，在进行营销风险评估时，本书基于组合评价法的基本原则，根据行业营销风险的基本特质和评估需要，对 AFA 综合评价法进行优化与改进，利用隶属度函数能够把专家主观评价和客观监测数据置于一个运算模型中，进行统一的标准化处理。在此基础上，完成行业营销风险综合指数的评估。

4.1.2 行业营销风险 FA - BD 指数评估模型构建程序

本书从行业营销风险评价指标的基本属性和指数评估需要出发，在对 AFA 综合评价法进行优化与改进的基础上，综合应用了盲数（blind number）和分级隶属度函数分析法（degree of membership function）来构建行业营销风险指数评估模型。为了与其他评估模型区分开来，故将其称之为行业营销风险 FA - BD 指数评估模型。

本书借鉴盲数理论，表达和处理行业营销风险主观评价指标的盲信息问题，并通过引入专家综合可信度的概念，较好地解决了评价者主观模糊性问题；在客观风险指标的处理上，本书运用模糊数学中的梯形分布公式，推导出营销风险客观指标分级隶属关系函数，并结合预设的函数分界值来测量客观指标的指数，使得获取到的风险信息数据能够直接参与指数的定量运算中，并通过隶属度函数将主观指标与客观指标置于一个分析框架中，确保了最终获得的主观指标和客观指标的风险测量值具有可比性和一致性，提升了评价结果的科学性和时效性。

行业营销风险 FA－BD 指数评估模型构建程序如图 4－1 所示。

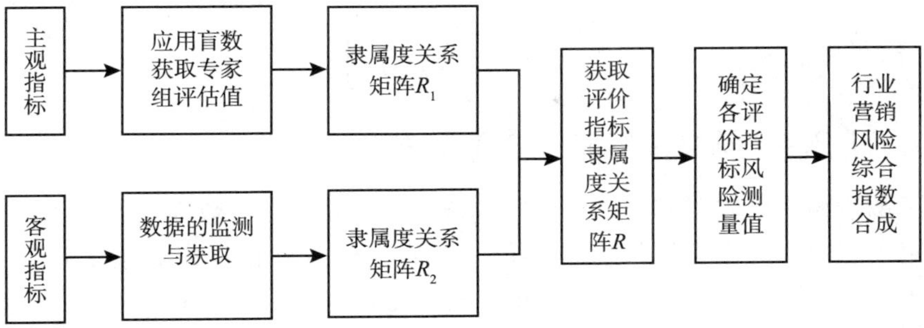

图 4－1 行业营销风险 FA－BD 指数评估模型构建程序

根据图 4－1，本书对于行业营销风险 FA－BD 评估模型的构建过程分析包括以下几个方面。

4.1.2.1 确定模糊评判的因素论域

按照模糊数学的要求，首先需要确定模糊评判的因素论域。论域由指标体系构成，记为 U。据此，本书设有 k 个评价指标，则其论域就是：

$$U=\{U_1, U_2, \cdots, U_k\}$$

其中，主观指标有 m 个，客观指标有 n 个，且 $m+n=k$。

4.1.2.2 确立评语等级论域及其量化值范围

评语等级论域指被评价对象的价值水平，本书将“评语等级论域”记为 V，若有 t 个评语等级，则：

$$V=\{V_1, V_2, \cdots, V_t\}$$

该步骤还需要为每个评语等级上的量化值范围作出规定，量化值范围也是对指标强弱水平的判定，本书将评语等级论域对应的量化值范围记为 F，则 t 个评语等级的量化值范围是：

$$F=\{F_1, F_2, \cdots, F_t\}$$

4.1.2.3 确定客观指标隶属度关系矩阵

根据客观指标的属性（效益型与成本型），采用相应的隶属度函数（如式（4－1）、式（4－2）所示），将主观指标的风险监测数据转化为［0，1］区间内的数值。设 R_1 为客观指标隶属度关系矩阵，n 为客观指标的个数，C_t^n 为客观指标隶属度值，则：

$$R_1 = \begin{bmatrix} C_1^1 & \cdots & C_t^1 \\ \cdots & \cdots & \cdots \\ C_1^n & \cdots & C_t^n \end{bmatrix} \qquad (4-1)$$

4.1.2.4 确定主观指标隶属度关系矩阵

邀请相关领域专家对主观指标进行评分，并运用盲数理论的计算方法确定主观指标的专家组综合评估值。然后通过主观指标隶属度值计算式（4－39）～式（4－43），将专家评价值转化为［0，1］区间内的数值，从而得到主观指标隶属度关系矩阵。设 R_2 为主观指标隶属度关系矩阵，m 为主观指标的个数，G_t^m 为主观指标隶属度值，则：

$$R_2 = \begin{bmatrix} G_1^1 & \cdots & G_t^1 \\ \cdots & \cdots & \cdots \\ G_1^m & \cdots & G_t^m \end{bmatrix} \qquad (4-2)$$

4.1.2.5 计算指标风险测量值

由于本书采用的是多评语等级，将隶属度关系矩阵 R_1 和 R_2 中的指标隶属度与各评语级的量化值 F_t 相乘，从而得到评价指标的风险测量值。设客观指标风险测量值矩阵为 Y，主观指标风险测量值矩阵为 X，则：

$$Y = R_1 F_T = \begin{bmatrix} C_1^1 & \cdots & C_t^1 \\ \cdots & \cdots & \cdots \\ C_1^n & \cdots & C_t^n \end{bmatrix} \begin{bmatrix} F_1 \\ \vdots \\ F_t \end{bmatrix} = \begin{bmatrix} Y_1 \\ \vdots \\ Y_n \end{bmatrix} \qquad (4-3)$$

$$X = R_2 F_T = \begin{bmatrix} G_1^1 & \cdots & G_t^1 \\ \cdots & \cdots & \cdots \\ G_1^m & \cdots & G_t^m \end{bmatrix} \begin{bmatrix} F_1 \\ \vdots \\ F_t \end{bmatrix} = \begin{bmatrix} X_1 \\ \vdots \\ X_m \end{bmatrix} \qquad (4-4)$$

4.1.2.6 行业营销风险指数合成

令 $R(x_i)$ 为指标风险测量值，$R(Y_k)$ 为维度层风险指数，$R(S)$ 为行业营销风险综合指数。β_j 和 n 分别代表要素层权重和数量，w_k 和 p 分别为维度层 $R(Y_k)$ 的权重和数量，则：

$$R(S) = \sum_{k=1}^{p} w_k R(Y_k) = \sum_{k=1}^{p} \sum_{j=1}^{n} \sum_{i=1}^{m} \alpha_i \beta_j w_k R(x_i) \qquad (4-5)$$

通过对行业营销风险指数合成式（4 –5）的分析，可以看到，如何科学、准确地获取评价指标风险测量值 $R(x_i)$ 是行业综合指数评估的关键。

4.1.3　指标隶属度函数及其论域量化值的确定

隶属度函数是模糊数学中最重要的概念之一。对于一个带有模糊性的研究对象，首先要写出切合实际的隶属函数，才能应用模糊数学方法做具体的定量分析。通常，隶属度函数是在研究充分考虑模糊对象具体特征的情况下，通过反复验算和实验确定的。因此，对于同一个模糊概念，不同的研究者会建立不完全相同的隶属度函数。尽管形式不完全相同，但只要能反映同一模糊概念，在解决和处理实际模糊信息的问题中仍然殊途同归。基于以上分析可知，编写合理有效的隶属度函数是本书构建 FA – BD 模型的关键。

4.1.3.1　隶属度函数的原理与确定依据

（1）隶属度函数的基本原理。借鉴前人的研究经验（刘开第，2009），本书对于隶属度转换的本质和原理进行以下解释：设在多指标系统 S 中，影响系统状态的有 n 个指标，每个指标都被划分为 p 个评语等级，用 C_1，C_2，…，C_p 表示，且 C_k 级优于 C_{k+1}级。

如果 i 指标属于 C_k 类的隶属度 $U_k^i(S)(i=1, 2, \cdots, n; k=1, 2, \cdots, p)$ 已知，且 $U_k^i(S)$ 满足：

$$0 \leqslant U_k^i(S) \leqslant 1, \ \sum_{k=1}^{p} U_k^i(S) = 1$$

则目标 S 属于 C_k 类的隶属度为 $U_k(S)(k=1, 2, \cdots, p)$，以上分析便是隶属度转换的原理。

（2）隶属度函数的转化依据。在本书构建的营销风险 FA – BD 评估模型中，隶属度函数的作用是将主观指标专家评价值和客观指标监测数据置于一个运算模型中进行统一量化分析。因而，在确定营销风险指标隶属度函数前，首先要确定隶属度分布函数的基本形式。

在行业营销风险评价指标中，因性质和量纲的不同，指标信息的表示方法也各异，包括数量值、等级、百分数、偏好关系等，造成了各个指标不具有可比性和一致性。因此，在综合评价前有必要对指标进行标准化处理，将这些具有不同数值和量级的指标按一定的隶属度函数关系式，转化为可以进行比较的定量值。在目前的模糊数学研究中，常见的隶属度函数有矩形分布、梯形分布、抛物线分布、T 型分布、正态分布与柯西分布。但确定隶属函数的方法并没有一个统一的模式。判别隶属度函数是否合理和有效，不是看单个元素隶属度的数值如何，而是看这个函数是否正确地反映了元素从属于集合到不属于集合这一变化过程的整体特性（赵克楠，2011）。

在常见的隶属度分布函数中，梯形隶属度函数结构简单易懂，可操作性强，对指标数据的适应性好，可以有效地描述和量化风险指标等级。采用梯形隶属度分布函数将主观指标的专家评价值和客观指标的实际监测数据转化为［0，1］之间的隶属度值，能够较好地完成指标的标准化处理，将指标类型统一，使处理后的各个指标对评估结果的作用方向相同，形成一致性。同时，还能把具有不同数值和量级的指标转化为可以进行比较的定量值，完成指标无纲量化处理。基于以上分析，本书采用梯形隶属度函数对行业营销风险指标进行标准化处理。

设 $u(y_1)$ 和 $u(y_2)$ 分别表示成本型指标和效益型指标的梯形隶属度函数，y 表示指标的实际观测值，y_{max} 是指标的最大分界值，y_{min} 是指标的最小分界值，则梯形隶属度分布函数的基本计算公式具体如下：

$$u(y_1) = \frac{y - y_{min}}{y_{max} - y_{min}} \tag{4-6}$$

$$u(y_2) = \frac{y_{max} - y}{y_{max} - y_{min}} \tag{4-7}$$

在本章以下内容的探讨中，笔者将根据主观和客观指标的不同属性，基于梯形隶属度分布函数基本公式，分别推导出客观指标和主观指标隶属度函数。

4.1.3.2 确定行业营销风险客观指标隶属度函数

在行业营销风险客观评价指标中，既有“效益型”指标，又有“成本型”指标（见表 3－8）。“效益型”指标也称正指标，这类指标值越大，表示营销系统越安全；反之越小，则表示风险越大，如销售额增长率、销售利润率等。“成本型”指标也称逆指标，这类指标值越小越好，越大则表示风险越大，如产品质量投诉率、渠道运营成本等。此外，因性质和量纲的不同，指标信息的表示方法也各异，包括数值、等级、百分比、时间等，造成了指标不具有可比性和一致性。对此，本书采用梯形分级隶属度函数进行客观指标的标准化处理。客观指标的标准化处理是风险信息分析的基础条件，在实际应用中，指标的一致化和无量纲化通常是同时进行的。

设 $u(x)$ 是客观指标隶属度函数，x 是客观指标实际监测值，x_{max} 是客观指标的最大分界值，x_{min} 是客观指标最小分界值。由式（4－6）和式（4－7）可得：

（1）效益型客观指标监测值越小，则风险越大，其隶属度函数为：

$$u(x)=\begin{cases}1 & x<x_{min}\\ \vdots & \vdots\\ \dfrac{x_{max}-x}{x_{max}-x_{min}} & x_{min}\leqslant x<x_{max}\\ \vdots & \vdots\\ 0 & \text{其他}\end{cases} \tag{4-8}$$

（2）成本型客观指标监测值越大，则风险越大，其隶属度函数为：

$$u(x)=\begin{cases}1 & x\geqslant x_{max}\\ \vdots & \vdots\\ \dfrac{x-x_{min}}{x_{max}-x_{min}} & x_{min}\leqslant x<x_{max}\\ \vdots & \vdots\\ 0 & \text{其他}\end{cases} \tag{4-9}$$

4.1.3.3　确定行业营销风险主观指标隶属度函数

主观指标的评估通常由专家进行模糊评价和赋值。为了能与客观指标之间保持可比性，本书同样采用梯形分布函数将其再进行标准化处理，将专家评价值转化为［0，1］区间内的隶属度值，从而得到主观指标隶属度关系矩阵。在行业营销风险主观指标的评估中，专家赋值越高，则表示指标风险越大。因此，主观指标可统一视为成本型指标。

设 $u(y)$ 为主观指标隶属度函数，y_j 为第 j 项主观指标专家评价值，y_{max} 为最大评价分界值，y_{min} 为最小评价分界值。由式（4－6）和式（4－7）可得：

$$u(y)=\begin{cases}1 & y\geqslant x_{\max}\\ \vdots & \vdots\\ \dfrac{y-y_{\min}}{y_{\max}-y_{\min}} & y_{\min}\leqslant y<y_{\max}\\ \vdots & \vdots\\ 0 & 其他\end{cases} \tag{4-10}$$

需要指出的是，分级隶属度函数可以定量描述客观风险指标的等级，但需为指标在各个评语等级上的范围作出规定，即对于客观指标分界值 $x_{\max}$ 和 $x_{\min}$ 以及主观指标分界值 $y_{\max}$ 和 $y_{\min}$ 作出判断。一般需要利用相关的统计数据、行业标准等，在专家的参与下，采用某种模糊分布划分等级范围，确定各评语级的分界值。

4.1.3.4 指标评语级论域及其量化值的确定

（1）确立指标评语级论域等级。确立评语等级论域是为指标在各个评语等级上的量化值范围作出规定，即“等级划分”。该范围的确定也是对指标风险强弱水平的判定，是分级隶属度函数将指标进行标准化处理的关键步骤之一。

本书将“评语等级论域”设为 V，若有 t 个评语等级，则：

$$V=\{V_1,\ V_2,\ \cdots,\ V_t\}$$

本书从风险指标的不可度量性和人类思维的模糊性出发，将行业营销风险评价指标的评语等级论域按照“极大、重大、中度、较小、微小”划分为五个等级，从而更有助于专家对风险指标作出精确的判断。同时，也为了保证主观指标和客观指标风险测量值的一致性。

（2）评语级论域的量化。在确定了评语等级的基础上，还需要将评语等级进行量化处理，即要确定每一个评语级论域所对应的量化值。量化值的取值范围通常为［1，100］。隶属度函数中评语级论域量化值的确定并没有统一的规定或标准，但隶属度的实质其实就是通过确定取值区间最大值的系数，来表明该指标在某个评语级量化值区间的位置。因此，本书对于评语级量化值范围按 5 个层级平均分配区间长度（$t=5$），并直接取每个区间的最大值（100，80，60，40，20）作为各评语级对应的量化值。这样的划分方法简单、明晰，符合隶属度的本质要求，也更为直观和易于理解，如式（4－11）所示。

$$F_t = \begin{bmatrix} F_1 = 100 \\ F_2 = 80 \\ F_3 = 60 \\ F_4 = 40 \\ F_5 = 20 \end{bmatrix} \tag{4-11}$$

4.1.3.5　对行业营销风险 FA－BD 评估模型的讨论

通过以上分析，可以看到，本书建立的行业营销风险 FA－BD 评估模型，从评价指标的不同属性和评估实际需要出发，具有较好的科学性和实效性，且符合组合评价方法选择与应用的三项原则。

首先，用盲数方法解决了行业营销风险主观评价中的不确定性问题，用分级隶属度函数解决了客观指标风险监测值的标准化问题。所选取的方法较好地发挥了各自的特点，且具有一定的差异性。其次，通过对 AFA 综合评价法的优化与改造，运用梯形分级隶属度函数将主观指标和客观指标置于一个分析模型中进行统一量化处理与分析，使得所选取的组合方法能够协调互补，有机结合。最后，主观指标与客观指标的风险测量值都在［0，100］的范围内，对于指标评语级量化值范围按 5 个层级平均分配区间长度，这样的划分方法简单、明晰，符合隶属度的本质要求，也更为直观和易于理解，具有较好的可比性和一致性，从而确保了行业营销风险评估的科学性和准确性。

4.2　基于分级隶属度函数的客观指标风险测量值

4.2.1　客观指标分级隶属度函数的确定

通过前文的分析，本书选择结构简单、可操作性强且能够较好地兼顾主观指标和客观指标的梯形分布函数进行指标的标准化处理。在本节中，本书根据不同客观指标的内涵和属性，通过构建效益型客观指标和成本型客观指标的分级隶属函数，从而将客观指标风险监测数据转化为［0，1］区间内的隶属度值。

设：有 m 个客观指标，对于第 i 个指标而言，$C_1^{(i)}$、$C_2^{(i)}$、$C_3^{(i)}$、$C_4^{(i)}$、

$C_5^{(i)}$ 分别代表极大、重大、中度、较小、微小这 5 个等级的隶属度函数，相应地需要设置 8 个客观指标评价分界值，即 $k_j^{(i)}$ $(j=1, 2, \cdots, 8)$。根据客观指标的不同属性和梯形分级隶属度函数的要求，就可得到 5 个等级的客观指标隶属度函数表达式。

4.2.1.1 效益型客观指标隶属度函数表达式

效益型客观指标监测值越大，表示系统越安全，越小则表示系统风险越大，根据式（4－8），可得到营销风险效益型客观指标的分级隶属度函数为：

$$C_1^{(i)}=\begin{cases}1, & x<k_1^{(i)}\\ \dfrac{k_2^{(i)}-x}{k_2^{(i)}-k_1^{(i)}}, & k_1^{(i)}\leqslant x<k_2^{(i)}\\ 0, & \text{其他}\end{cases} \tag{4-12}$$

$$C_2^{(i)}=\begin{cases}\dfrac{x-k_1^{(i)}}{k_2^{(i)}-k_1^{(i)}}, & k_1^{(i)}\leqslant x<k_2^{(i)}\\ 1, & k_2^{(i)}\leqslant x<k_3^{(i)}\\ \dfrac{k_4^{(i)}-x}{k_4^{(i)}-k_3^{(i)}}, & k_3^{(i)}\leqslant x<k_4^{(i)}\\ 0, & \text{其他}\end{cases} \tag{4-13}$$

$$C_3^{(i)}=\begin{cases}\dfrac{x-k_3^{(i)}}{k_4^{(i)}-k_3^{(i)}}, & k_3^{(i)}\leqslant x<k_4^{(i)}\\ 1, & k_4^{(i)}\leqslant x<k_5^{(i)}\\ \dfrac{k_6^{(i)}-x}{k_6^{(i)}-k_5^{(i)}}, & k_5^{(i)}\leqslant x<k_6^{(i)}\\ 0, & \text{其他}\end{cases} \tag{4-14}$$

$$C_4^{(i)}=\begin{cases}\dfrac{x-k_5^{(i)}}{k_6^{(i)}-k_5^{(i)}}, & k_5^{(i)}\leqslant x<k_6^{(i)}\\ 1, & k_6^{(i)}\leqslant x<k_7^{(i)}\\ \dfrac{k_8^{(i)}-x}{k_8^{(i)}-k_7^{(i)}}, & k_7^{(i)}\leqslant x<k_8^{(i)}\\ 0, & \text{其他}\end{cases} \tag{4-15}$$

$$C_5^{(i)}=\begin{cases}\dfrac{x-k_7^{(i)}}{k_8^{(i)}-k_7^{(i)}}, & k_7^{(i)}\leqslant x<k_8^{(i)}\\ 1, & k_8^{(i)}\leqslant x\\ 0, & \text{其他}\end{cases} \tag{4-16}$$

4.2.1.2 成本型客观指标隶属度函数表达式

成本型客观指标监测值越小越好，越大则表示系统风险越大，根据式(4-9)，可得营销风险成本型客观指标的分级隶属度函数为：

$$C_1^{(i)}=\begin{cases}1, & k_8^{(i)}\leqslant x\\ \dfrac{x-k_7^{(i)}}{k_8^{(i)}-k_7^{(i)}}, & k_7^{(i)}\leqslant x<k_8^{(i)}\\ 0, & \text{其他}\end{cases} \tag{4-17}$$

$$C_2^{(i)}=\begin{cases}\dfrac{k_8^{(i)}-x}{k_8^{(i)}-k_7^{(i)}}, & k_7^{(i)}\leqslant x<k_8^{(i)}\\ 1, & k_6^{(i)}\leqslant x<k_7^{(i)}\\ \dfrac{x-k_5^{(i)}}{k_6^{(i)}-k_5^{(i)}}, & k_5^{(i)}\leqslant x<k_6^{(i)}\\ 0, & \text{其他}\end{cases} \tag{4-18}$$

$$C_3^{(i)}=\begin{cases}\dfrac{k_6^{(i)}-x}{k_6^{(i)}-k_5^{(i)}}, & k_5^{(i)}\leqslant x<k_6^{(i)}\\ 1, & k_4^{(i)}\leqslant x<k_5^{(i)}\\ \dfrac{x-k_3^{(i)}}{k_4^{(i)}-k_3^{(i)}}, & k_3^{(i)}\leqslant x<k_4^{(i)}\\ 0, & \text{其他}\end{cases} \tag{4-19}$$

$$C_4^{(i)}=\begin{cases}\dfrac{k_4^{(i)}-x}{k_4^{(i)}-k_3^{(i)}}, & k_3^{(i)}\leqslant x<k_4^{(i)}\\ 1, & k_2^{(i)}\leqslant x<k_3^{(i)}\\ \dfrac{x-k_1^{(i)}}{k_2^{(i)}-k_1^{(i)}}, & k_1^{(i)}\leqslant x<k_2^{(i)}\\ 0, & \text{其他}\end{cases} \tag{4-20}$$

$$C_5^{(i)} = \begin{cases} \dfrac{k_2^{(i)} - x}{k_2^{(i)} - k_1^{(i)}}, & k_1^{(i)} \leqslant x < k_2^{(i)} \\ 1, & k_1^{(i)} < x \\ 0, & 其他 \end{cases} \tag{4-21}$$

4.2.2 客观指标隶属度分界值的确定

分级隶属度函数可以定量描述客观风险指标的等级，但在应用过程中，还需为每个客观指标在各个评语等级上的分界值作出规定，即确定 K 值。对此，本书通过构建和应用最优最差均值公式确定 K 值范围。

设有 m 个客观指标，对于第 i 个指标而言，a^i 为该指标的最优值，$a^i = k_1^i$；b^i 为该指标最差值，$b^i = k_n^i$；n 为分界值的个数；d^i 为最优值到最差值区间距离的均值。

$$d^i = \left| \frac{|a^i| - |b^i|}{n-1} \right| \tag{4-22}$$

则客观指标监测分界值为：

$$k_n^i = k_1^i + (n-1)d \tag{4-23}$$

按照上述过程，本书组织专家组确定了客观指标隶属度函数分界值。专家组成员与第6章案例研究中的一致。因而，对于表4-1中所列出的 K 值范围更多地考虑了乘用车制造行业的具体情况。在实际工作中，其他行业应根据自身状况作相应的调整。如果能建立起行业性的 K 值标准，实效性和指导性会更强。

表4-1　客观指标隶属度分界值参考

指标	k_1	k_2	k_3	k_4	k_5	k_6	k_7	k_8
宏观经济景气指数	3	3.5	4	4.5	5	5.5	6	6.5
行业研发投入比例（%）	2	2.5	3	3.5	4	4.5	5	5.5
产品周期（年）	1	1.2	1.4	1.6	1.8	2	2.2	2.4
主营业务收入增长率（%）	2	4	6	8	10	12	14	16
主营业务利润率（%）	6	7	8	9	10	11	12	13
企业绩效下降面（%）	15	20	25	30	35	40	45	50
产品质量投诉率（‰）	0.1	0.2	0.3	0.4	0.5	0.6	0.7	0.8

续表

指标	k_1	k_2	k_3	k_4	k_5	k_6	k_7	k_8
渠道营运成本率（%）	3	3.5	4	4.5	5	5.5	6	6.5
物资价格增长率（%）	2.5	5	7.5	10	12.5	15	17.5	20
平均资产负债率（%）	35	40	45	50	55	60	65	70
公众信任度	3	4	5	6	7	8	9	10

在计算分界值时，首先需要确定评价指标的最优值和最差值。最优值和最差值应根据不同行业的特点，利用历史资料、统计数据和相关标准等知识，在专家的参与下，与行业内企业营销部门的管理人员共同确定，不能一概而论。

4.2.3　客观指标风险测量值的计算

4.2.3.1　构建客观指标隶属度关系矩阵

根据客观指标分级隶属度函数式（4－12）～式（4－21），在确定了公式中客观指标评价分界值 $k_j^{(i)}$ $(j=1-6)$ 后，就可以建立起客观指标隶属度关系矩阵 R_1。设：有 m 个客观指标（$i\in m$），客观指标隶属度值为 $C_t^m\{t=1,\ 2,\ \cdots,\ 5\}$，则客观指标隶属度关系矩阵 R_1 为：

$$R_1=\begin{bmatrix} C_1^1 & C_2^1 & C_3^1 & C_4^1 & C_5^1 \\ \vdots & & \vdots & & \vdots \\ C_1^i & \cdots & C_3^i & \cdots & C_5^i \\ \vdots & & \vdots & & \vdots \\ C_t^m & \cdots & C_t^m & \cdots & C_t^m \end{bmatrix} \tag{4-24}$$

4.2.3.2　计算客观指标风险测量值

由于本书采用的是多评语等级，所建立的客观风险隶属度关系矩阵 R_1 中的元素还需要进一步合成，以得到客观指标的风险量化值。由式（4－14）可得到评价对象的风险评语级对应的量化值 $F_t(t=1,\ 2,\ \cdots,\ 5)$。设客观指标风险测量值为 Y，由式（4－3），可得：

$$Y = R_1 F_t = \begin{bmatrix} C_1^1 & C_2^1 & C_3^1 & C_4^1 & C_5^1 \\ \vdots & & \vdots & & \vdots \\ C_1^i & \cdots & C_3^i & \cdots & C_5^i \\ \vdots & & \vdots & & \vdots \\ C_1^m & \cdots & C_3^m & \cdots & C_5^m \end{bmatrix} \begin{bmatrix} F_1 \\ F_2 \\ F_3 \\ F_4 \\ F_5 \end{bmatrix} = \begin{bmatrix} Y_1 \\ Y_2 \\ Y_3 \\ \vdots \\ Y_m \end{bmatrix} \tag{4-25}$$

通过以上步骤，能够较好地实现客观指标的标准化处理。由于测量值的大小是由评语等级的量化范围决定的。因此，本书最终得到的客观指标测量值 Y 的量化范围介于 1 ~ 100 之间，使得最终获得的客观指标风险测量值具有可比性和一致性，易于理解和比较。

4.3 基于盲数的主观指标风险测量值

4.3.1 盲数的基本功能与运算

4.3.1.1 用盲数表示风险中的不确定性信息

在营销风险评价指标体系中，对于主观指标的评估通常采取专家模糊赋值法。但由于这些主观评价指标涉及战略、财务、营销等多个领域的理论知识，同时在对主观指标进行评估的过程中，专家获取的信息往往具有随机性、模糊性、灰性、未确知性，从而使得专家们很难以确切的数字表示某些主观指标的评估值，给行业营销风险指数评估造成了很大的困难（Yasdi，1995）。因而，如何在不确定性信息条件下，对行业营销风险主观指标进行科学、有效的评估，就成为本书在这一节中要解决的主要问题。

通常，信息可以分为确定性信息和不确定性信息，对不确定信息可分为随机性信息、模糊信息、灰信息和未确知信息。随机信息是人们最早发现的不确定性信息，可以用概率统计的方法来表示；模糊数学创始人查德（L. A. Zadeh）创立了模糊数学来解决模糊信息问题，随后模糊数学得到了充分的发展和应用（Enriqueta，2007）；邓聚龙等人建立了灰数理论，来表示“部分已知，部分未知”的灰信息；王光远院士发现了不同于随机性、模糊性和灰性的另一种不确定性，称之为未确知性，并用未确知数来表示和处理未确知信息。通过以上分析可知，概率统计、未确知数学、模糊数学和灰色数学分别用来表达和处理随机信息、未确知信息、模糊信息和灰信息，但上述四种数学工具只能表达和处理只有一种不确定性信息（邓聚龙，2012）。

在营销风险主观指标的评估中，专家获取的信息往往是多种不确定性的“信息混沌”。学者们将这种具有随机性、模糊性、未确知性和灰性等多种不确定信息共存的信息称为盲信息。就目前的研究阶段而言，盲数是用来处理盲信息最为有效的工具。因此，本书基于盲数理论的基本思想和方法来处理行业营销风险主观指标的评估问题。在展开进一步研究前，有必要先对盲数理论进行概述（刘开第，1996）。

4.3.1.2 盲数的相关定义与运算

（1）盲数的相关定义。

定义1：盲数。

设 G 为区间型灰数集合，$f(x)$ 为定义在 G 上的灰函数，若 $a_i \in [0, 1]$；$i=1, 2, \cdots, n$，且：

$$f(x)=\begin{cases}a_i, & x=x_i(i=1, 2, \cdots, n)\\0, & x\notin[a_1, a_2, \cdots, a_n]，且 x\in G\end{cases} \tag{4-26}$$

当 $i\neq j$ 时，$a_i\neq a_j$，且 $\sum_{i=1}^{n} a_i = a \leqslant 1$，则称函数 $f(x)$ 为一个盲数，n 为函数 $f(x)$ 的阶数。称 a_i 为函数 $f(x)$ 在 a_i 点的可信度，称 a 为函数的总可信度。

设 A 和 B 为盲数，用函数表示为：

$$A=f(x)=\begin{cases}a_i, & x=x_i(i=1, 2, \cdots, n)\\0，& 其他\end{cases}$$

$$B=g(y)=\begin{cases}a_i, & y=y_i(i=1, 2, \cdots, n)\\0，& 其他\end{cases}$$

定义2：可能值矩阵。

如图4－2所示，x_1，x_2，$\cdots$，x_m 和 y_1，y_2，$\cdots$，y_m 分别是 A 与 B 的可能值序列，$*$ 表示区间型灰数集 G 中 $+$，$-$，$\times$，$\div$ 运算的某一种，第一象限元素构成 $m\times n$ 阶矩阵，称为 A 关于 B 的可能值带边矩阵，简称可能值矩阵。

x_1	$x_1 \times y_1$	$\cdots$	$x_1 \times y_j$	$\cdots$	$x_1 \times y_n$
$\vdots$	$\vdots$		$\vdots$		$\vdots$
x_i	$x_i \times y_1$	$\cdots$	$x_i \times y_j$	$\cdots$	$x_i \times y_n$
$\vdots$	$\vdots$		$\vdots$		$\vdots$
x_m	$x_m \times y_n$	$\cdots$	$x_m \times y_j$	$\cdots$	$x_m \times y_n$
*	y_1	$\cdots$	y_j	$\cdots$	y_n

图 4－2　盲数可能值带边矩阵

定义 3：可信度积矩阵。

如图 4－3 所示，α_1，α_2，$\cdots$，α_m 和 β_1，β_2，$\cdots$，β_m 分别是 A 与 B 的可信度序列，第一象限元素构成 $m \times n$ 阶矩阵，称为 A 关于 B 的可信度带边积矩阵，简称可信度积矩阵。

α_1	$\alpha_1\beta_1$	$\cdots$	$\alpha_1\beta_j$	$\cdots$	$\alpha_1\beta_n$
$\vdots$	$\vdots$		$\vdots$		$\vdots$
α_i	$\alpha_i\beta_1$	$\cdots$	$\alpha_i\beta_j$	$\cdots$	$\alpha_i\beta_n$
$\vdots$	$\vdots$		$\vdots$		$\vdots$
α_m	$\alpha_m\beta_n$	$\cdots$	$\alpha_m\beta_j$	$\cdots$	$\alpha_m\beta_n$
	β_1	$\cdots$	β_j	$\cdots$	β_n

图 4－3　盲数可信度带边积矩阵

定义 4：在 A 关于 B 的可能值矩阵与可信度积矩阵中，元素 α_{ij}、β_{ij}称为相应元素，其所在位置称为相应位置，且 α_{ij}，$\beta_{ij}(i=1, 2, \cdots, m; j=1, 2, \cdots, n)$。

定义 5：在 A 关于 B 的可能值矩阵中的元素 $\bar{x}_k$，在可能值矩阵中有 S_i 个不同位置，将可信度积矩阵中相对应的 S_i 个位置上的元素之和记为 $\bar{r}_i$，可得序列 $\bar{r}_1$，$\bar{r}_2$，$\cdots$，$\bar{r}_k$，令：

$$\varphi(x)=\begin{cases}\bar{r}_i, & x=\bar{x}_i(i=1, 2, \cdots, k)\\ 0, & \text{其他}\end{cases}$$

称 $\varphi(x)$ 为 A 与 B 的之 *，记作：

$$A*B=f(x)*g(y)=\begin{cases}\bar{r}_i, & x=\bar{x}_i(i=1, 2, \cdots, k)\\ 0, & \text{其他}\end{cases}$$

当 $*$ 分别代表 $+$，$-$，$\times$，$\div$ 时，则分别得到 $A+B$，$A-B$，$A\times B$，$A\div B$。对“$\div$”要求 y_j 的期间要求不包含实数 $0(j=1, 2, \cdots, n)$。

（2）盲数与其他几种数的关系。

设 A 为一个盲数，其表达式为：

$$A=f(x)=\begin{cases}a_i, & x=x_i(i=1, 2, \cdots, m)\\0, & 其他\end{cases} \tag{4-27}$$

当 $m=1$ 时，$x_i\in R$，$\alpha_i=1$ 时，则：

$$A=f(x)=\begin{cases}1, & x=x_i\in R\\0, & 其他\end{cases} \tag{4-28}$$

此时 A 是实数 x_i。

当 $\alpha_i=1$ 时，$m=1$，则：

$$A=f(x)=\begin{cases}1, & x=[a, b]\in G\\0, & 其他\end{cases} \tag{4-29}$$

此时 A 为区间灰数，$A=[a, b]$。

若 $x_i\in R(i=1, 2, \cdots, n)$，且 $\alpha_1<\alpha_2<\cdots<\alpha_m$，

则盲数 A 就是未确知有理数 $[[\alpha_1, \alpha_n], f(x)]$。

4.3.2　盲数均值与专家可信度的确定

如前文所述，对于营销风险主观指标的评估往往需要风险专家凭借自己的经验、现状分析和历史数据进行主观判断赋值，而行业营销风险的发生与多种因素密切相关，这些因素不仅具有随机性、模糊性，有时还具有灰性和未确知性，属于典型的盲信息。因此，行业营销风险主观指标的评估实质上就是一个盲信息处理问题（许振宇，2011）。鉴于此，本书综合运用盲数均值和专家可信度，对行业营销风险主观指标进行处理。在本节中，笔者对盲数均值和专家可信度这两个重要概念的计算公式进行了推导和构建。

4.3.2.1　盲数均值的计算

由盲数相关定义 1 ~ 定义 5 和式（4-26）~ 式（4-29），可得：

设 a，b 为实数，且 $a\leqslant b$，称 $\frac{1}{2}(a+b)$ 为有理灰数 $[a, b]$ 或 $[a, b]$ 的心，记为：

$$e[a,\ b]=\frac{(a+b)}{2} \tag{4-30}$$

设盲数：

$$f(x)=\begin{cases}a_i,\ x=x_i(i=1,\ 2,\ \cdots,\ n)\\0,\ x\notin[a_1,\ a_2,\ \cdots,\ a_n],\ 且\ x\in G\end{cases} \tag{4-31}$$

其中，$0<a_i\leqslant 1$，$(i=1,\ 2,\ \cdots,\ n)$，$\sum_{i=1}^{n}a_i=a\leqslant 1$，称为一阶未确知有理数。

$$Ef(x)=\begin{cases}a,\ x=\frac{1}{a}(\odot\sum_{i=1}^{n}a_ix_i)\\0,\ 其他\end{cases} \tag{4-32}$$

$Ef(x)$ 为盲数 $f(x)$ 的均值，它体现了盲数 $f(x)$ 的平均取值。

对于行业营销风险主观指标这样具有混沌信息特征的评价对象，专家赋值很难准确地落在某个点上，反而可能落在该点附近的某个区域。而盲数的实质就是区间分布的可信度函数。因此，对于那些难以用确切数字进行评估的主观指标，专家可以将其评估值表示成某一个数字区间，从而较好地解决了主观指标评价值合理表述的问题。

4.3.2.2 专家可信度的确立

在目标、准则、对象等评价要素确定的情况下，对于营销风险主观指标测量这类多属性问题的评价，专家个体的评价意见是形成最终结果的基础与核心。但在实际工作中，由于经验、能力、知识结构以及对问题的熟悉程度等原因，往往会造成评价结果的偏差。鉴于此，本书在主观指标风险评估中，引入专家综合可信度的概念，将专家不同的知识结构、资历以及对测评问题的把握程度体现在评价过程中。

专家可信度是指其对评价对象进行客观、准确评价的程度。对于如何评价专家可信度的问题，在已有研究的基础上，本书提出了两种衡量方法：综合赋值法（刘志强，2013）和基数建模法。具体运算过程包括以下几个方面。

（1）综合赋值法。风险评价的组织者在与专家组充分沟通后，可根据专家的知识结构、资历以及对测评问题的把握程度，对专家的个人可信度进行评估。专家个人可信度在［0－1］之间取值，数值越大，则表示专家可信度越高（刘志强，2013）。

一般而言，专家个人信度由专家的知识背景、经验、职称、学位以及对测评问题的熟悉程度等维度组成，经过量化后分别用 b，c，d，e，f，g 表示，每一项维度的取值范围在［0，0.2］之间，也可根据需要对各维度的取值区间进行调整，但调整后各维度区间的最大值之和应小于或等于1。设一组专家 E_1，E_2，…，E_n，第 i 位专家的个人可信度为：

$$\overline{A_i} = b_i + c_i + d_i + e_i + f_i + g_i$$

由此，可得到专家组每一位专家的个人可信度 $\bar{A}_1$，$\bar{A}_2$，…，$\bar{A}_n$，$0 \leqslant \bar{A} \leqslant 1$，则：

$$A_i = \frac{\bar{A}_i}{\bar{A}_1 + \bar{A}_2 + \cdots + \bar{A}_n} \tag{4-33}$$

A_i 称为专家 E_i 关于专家组 $E_i(i=1, 2, \cdots, n)$ 的综合可信度，简称专家可信度。

需要强调的是，虽然综合赋值法简单易行、操作性强，但应用这一方法的前提是组织者与评估组的诸位专家都曾有过合作经历，对每一位专家的知识背景、专业素养等问题都有较为清楚的了解。

（2）基数建模法。专家可信度的大小终将体现在专家评价意见的一致性和准确性上。因此，如何定量描述专家评价意见的客观性和准确程度，是获取专家可信度的关键，也是基数建模法的出发点。基数建模法实施的前提是专家评估组中的专家个体之间的评价意见是相互独立的，不存在专家串谋的问题。在此条件下，可以认为专家个体与专家组评价意见的一致性程度越高，则专家个体可信度越大，而一致性程度可通过专家个体评价意见与专家组群体评价意见的分值偏差和排序偏差进行量化（徐林生，2010）。因而，与综合赋值法相比，基数建模法的准确度更高。

设一组专家 E_1，E_2，…，E_n，对风险主观指标 x_1，x_2，…，x_m 进行评价，通常情况下，专家个体在给出基数型评价意见（如百分制等）$d(x)$ 后，可按照多属性决策理论的有关方法，根据每个专家的评价结果 $d_n(x)$ 进行综合，形成专家组的评价结果 $D(x)$。

专家个体对指标的评价意见可用下列矩阵表示：

$$D(x) = \begin{array}{c} E_1 \\ E_2 \\ \vdots \\ E_n \end{array} \left| \begin{array}{cccc} d_1(x_1) & d_1(x_2) & \cdots & d_1(x_m) \\ d_2(x_1) & d_2(x_2) & \cdots & d_2(x_m) \\ \vdots & \vdots & \vdots & \vdots \\ d_n(x_1) & d_n(x_2) & \cdots & d_n(x_n) \end{array} \right|$$

由多属性决策理论的方法，可得出专家组评价意见：

$$D(x)=\{D(x_1),\ D(x_2),\ \cdots,\ D(x_m)\}$$

通常情况下，在专家个体给出基数型评价意见（如百分制等）的同时，其分值的大小实际上也确定了不同评价指标的先后顺序。同理，可得专家组对评价指标的分值排序：

$$F(x)=\{f(x_1),\ f(x_2),\ \cdots,\ f(x_m)\}$$

专家个体与专家组评价意见的一致性程度越高，则专家个体可信度越大，如对评价对象 X，假定专家组最终排序为 1，而专家 E_i 将其排在第 2 位，专家 E_j 将其排在第 10 位，则有理由认为专家 E_i 的评价水平相对优于专家 E_j。而在一般情况下，专家评价意见与专家组评价意见不会完全一致，因此，本书认为，专家个体评价意见与专家组群体评价意见的偏离程度在一定程度上反映出该专家水平的高低。在这里，需要引入专家个体与专家组群体评价意见的分值偏差和排序偏差概念。

设专家 E_i 与专家组评价意见之间的分值偏差为 $\varphi_i(0<\varphi\leqslant 1)$，则：

$$\phi_i=\frac{1}{m}\sum_{i=1}^{m}\frac{|d(x_i)-D(x_i)|}{D(x_i)} \tag{4-34}$$

在专家个体给出评价分值时，其分值的大小实际上也确定了不同评价指标的先后顺序。若专家 E_i 与专家组评价意见之间的排序偏差为 ϕ_i（$0<\phi\leqslant 1$），则：

$$\varphi_i=\frac{1}{m}\sum_{i=1}^{m}\frac{|f(x_i)-F(x_i)|}{m-1} \tag{4-35}$$

本书所确定的专家评价意见的分值偏差和排序偏差实际上反映了专家评价意见的“不正确率”，还需对这两个指标进行正则化处理，求得专家评价意见的“正确率”，才能确定专家可信度。

分值偏差的正则化：$P_{1i}=1-\varphi_i$

排序偏差的正则化：$P_{2i}=1-\varphi_i$

需要说明的是，专家评价意见与专家组评价意见虽然不会完全一致，但专家的个体意见对专家组意见的形成会产生影响。例如，专家在评价过程中由于非理性偏好增加、评价方向错位等问题，使得某一位专家对于指标的赋值过高。在这一情况下，如果仅仅根据分值偏差来确定可信度，就有可能与实际情况产生不一致。因此，本书把分值偏差和排序偏差结合起来，引入关注度的概念来综合确定专家可信度。

设专家 E_i 的个人可信度为 P_i，则：

$$P_i=\alpha P_{1i}+\beta P_{2i} \tag{4-36}$$

在式（4－36）中，α，β 分别为风险评价组织者对最终分值和排序的关注度，且有 $0 \leqslant \alpha \leqslant 1$，$0 \leqslant \beta \leqslant 1$，$\alpha + \beta = 1$。当风险评价组织者更关注分值时，则 $\alpha > \beta$；而风险评价组织者更关注排序时，则 $\alpha < \beta$。

由式（4－36）可知，专家 E_i 的可信度 P_i 范围是 $0 < P_i \leqslant 1$，在一定程度上反映了专家 E_i 的评价水平，然后用式（4－33）可求出反映 E_i 在专家组中评价意见权重的综合可信度。

4.3.3 主观指标风险测量值的计算

在以往的营销风险评估研究中，评估组所确定的风险指数往往是组内专家打分的平均值。由于没能充分考虑专家在能力、知识上的差异以及评价者主观模糊性问题，往往会造成评估结果出现不同程度的偏差。鉴于此，本书在行业营销风险主观指标评估研究中，将综合运用盲数均值和专家可信度的方法，在优化与完善传统评估方法的同时，也确保了本书评估结果的准确性。具体步骤包括以下几个方面。

4.3.3.1 用盲数获取主观指标专家组综合评估值

首先，邀请 H 位风险专家组成评估小组，将行业营销风险各评价指标的解释、评分标准以及相关资料分发给专家，请专家对其中的主观指标进行评分。

其次，设该组专家 $E_I(I=1, 2, \cdots, H)$ 对主观指标 $x_i(i=1, 2, \cdots, n)$ 进行赋值评分，评分范围［0，100］，得到的评分值为 b_{i1}，b_{i2}，…，b_{iH}，且 $b_{iH} \in G$，G 为有理灰数集，b_i 为有理灰数。

由式（4－33）或式（4－36）可求得各专家相应的综合可信度为 A_1，A_2，…，A_H。若将评分集合 b_{i1}，b_{i2}，…，b_{iH} 中有理灰数按相同值仅取一个，并将对应的可信度相加，则得到新的排列 c_{i1}，c_{i2}，…，$c_{ik}(k \leqslant n)$。因此，根据专家的评分，可得到该指标 x_i 的盲数评价值 u_i：

$$u_i(x) = \begin{cases} A_1, & x = c_{i1} \\ A_2, & x = c_{i2} \\ \vdots \\ A_k, & x = c_{ik} \\ 0, & x \notin (c_{i1}, c_{i2}, \cdots, c_{ik}), k \leqslant n \end{cases} \tag{4-37}$$

最后，根据盲数均值的计算式（4－27）～式（4－31）得出 $u_i(x)$ 的

盲数均值 $E(u_i(x))$，本书称之为主观指标专家组综合评估值。

$$E(u_i(x))=\begin{cases}A,\ x=\dfrac{1}{A}(\odot\sum_{i=1}^{H}A_ix_i)\\0,\ 其他\end{cases}\tag{4-38}$$

其中，表示专家可信度，$0<A<1(i=1,\ 2,\ \cdots,\ H)$，$\sum_{i}^{H}A_H=A\leqslant 1$。

4.3.3.2 主观指标分级隶属度函数的确定

专家组评估值范围在［0，100］之间，分值越高，表示指标风险越大。根据前文关于成本型指标的界定，可将主观指标统一视为成本型指标。为了确保客观指标和主观指标测量值的一致性，本书将主观指标的评语等级论域也划分为微小、较小、中度、重大、极大五个等级。根据梯形隶属度函数的要求，需要确定 8 个主观指标隶属度转化分界值。

模糊数学中对于隶属度函数分界值的划分并无明确的计算公式和定理，主要依靠专家根据需要和经验来确定（Enriqueta，2007）。在用盲数获取主观指标风险测量值后（$x\in[0,\ 100]$），可以将其视为一种用百分制表示的特殊客观指标。因此，本书用客观指标分界值的最优和最差均值式（4－22）和式（4－23）来确定主观指标隶属度转化分界值。

主观指标分界值间最优距离为：

$$d^i=\left|\frac{|a^i|-|b^i|}{n-1}\right|=\frac{100-9}{8-1}\approx 14$$

则主观指标隶属度转化分界值为：

$$k_2=k_1+d=1+14=15$$

同理，可计算出主观评价隶属度转化的分界值为：1，15，29，43，57，71，85，100。

由式（4－10）构造以下隶属度函数，将专家的打分值转换为 5 个等级的隶属度值：

$$C_1^{(i)}=\begin{cases}1,\ x=100\\\dfrac{x-85}{100-85},\ 85<x<100\\0,\ 其他\end{cases}\tag{4-39}$$

$$C_2^{(i)} = \begin{cases} \dfrac{100-x}{100-85}, & 85 \leqslant x < 100 \\ 1, & 71 \leqslant x < 85 \\ \dfrac{x-57}{71-57}, & 57 \leqslant x < 71 \\ 0, & \text{其他} \end{cases} \tag{4-40}$$

$$C_3^{(i)} = \begin{cases} \dfrac{71-x}{71-57}, & 57 \leqslant x < 71 \\ 1, & 43 \leqslant x < 57 \\ \dfrac{x-29}{43-29}, & 29 \leqslant x < 43 \\ 0, & \text{其他} \end{cases} \tag{4-41}$$

$$C_4^{(i)} = \begin{cases} \dfrac{43-x}{43-29}, & 29 \leqslant x < 43 \\ 1, & 15 \leqslant x < 29 \\ \dfrac{x-1}{15-1}, & 1 \leqslant x < 15 \\ 0, & \text{其他} \end{cases} \tag{4-42}$$

$$C_5^{(i)} = \begin{cases} \dfrac{15-x}{15-1}, & 1 \leqslant x < 15 \\ 1, & 0 \leqslant x < 1 \\ 0, & \text{其他} \end{cases} \tag{4-43}$$

4.3.3.3　计算主观指标风险测量值

主观评价指标风险测量值的计算可划分为两步：第一，利用主观指标分级隶属度函数将专家组综合评估值转化为隶属度值，从而构建起主观指标隶属度关系矩阵；第二，将指标隶属度关系矩阵与各评语级的量化值 $F_t(t=1, 2, \cdots, 5)$ 相乘，就可得到主观评价指标风险测量值。测量值介于 1～100 之间。通过以上步骤构建起的隶属度关系矩阵，能够较好地实现主观指标的标准化处理，从而为主观指标与客观指标评估值的统一运算和综合指数的合成奠定基础。

（1）由主观指标分级隶属度函数式（4－39）～式（4－43），可得主观指标隶属度关系矩阵 R_2：

$$R_2 = \begin{bmatrix} G_1^1 & G_2^1 & G_3^1 & G_4^1 & G_5^1 \\ \vdots & & \vdots & & \vdots \\ G_1^i & \cdots & G_3^i & \cdots & G_5^i \\ \vdots & & \vdots & & \vdots \\ G_1^m & \cdots & G_3^m & \cdots & G_5^m \end{bmatrix}$$

（2）设主观指标风险测量值为 X，由式（4-4），可得：

$$X = R_2 F_t = \begin{bmatrix} G_1^1 & G_2^1 & G_3^1 & G_4^1 & G_5^1 \\ \vdots & & \vdots & & \vdots \\ G_1^i & \cdots & G_3^i & \cdots & G_5^i \\ \vdots & & \vdots & & \vdots \\ G_1^n & \cdots & G_3^n & \cdots & G_5^n \end{bmatrix} \begin{bmatrix} F_1 \\ F_2 \\ F_3 \\ F_4 \\ F_5 \end{bmatrix} = \begin{bmatrix} X_1 \\ X_2 \\ X_3 \\ \vdots \\ X_n \end{bmatrix} \tag{4-44}$$

本书综合应用盲数均值和专家可信度获取主观指标专家组评估值，具有很强的适应性，可以较好地解决以下两个问题：首先，对于那些因信息资料不全而难以用确切数字进行评价的主观指标，专家可以通过盲数将其评价值表示成某一个数字区间，从而解决了营销风险评价体系中主观指标值合理表述的问题；其次，在评估过程中，引入专家综合可信度的概念，将专家不同的知识结构、资历以及对测评问题的把握程度体现在评价过程中，也较好地解决了评价者主观模糊性的问题。因此，本书采用的方法更符合主观风险指标的本质特征和评估过程中的实际需要，从而使行业营销风险评价结果更加全面、科学，也更能反映营销风险的内涵。

4.4 行业营销风险综合指数合成

4.4.1 行业营销风险指数合成原理

指数合成方法可以分为简单指数法和加权综合指数法两类。其中，简单指数法是指不用权数编制指数的方法，它的实质是排除所反映对象的各自不同的重要性和影响力，而单独研究某一特性的变化；加权综合指数法是指在确定各评价指标不同重要性的基础上，确定指标权重，并对指标指数加权平均，计算出综合评价值，用以评价系统状态或趋势的方法（徐国祥，2004)。

由以上分析可知，加权综合指数法的基本思路就是在获取指标权重后，将指标权重与指标风险评估值进行累乘后相加，最后计算出行业营销风险综合指数（John，1997)。因而，加权综合指数法能够较为准确地描述营销风险不同评价指标的重要程度，符合行业营销风险评价的实际需要，具有较强的科学性和适用性。故本书使用加权综合指数法来计算行业营销风险综合指数。

4.4.2 行业营销风险指数合成方法

本书采用多因素层次分析法对行业营销风险综合指数进行分层研究，每个评价指标的风险测量值只是反映了行业营销风险某一局部的状态。为了客观地描述不同评价指标的影响力重要程度，还需用权重对此作出表示。在此基础上，将指标权重与其评估值进行累乘相加，计算出的行业营销风险综合指数才能较为准确地反映行业营销风险的总体状况（Diewert，2010)。

在完成了企业行业营销风险评价指标体系构建、确定各级元素权重和评价表的风险测量值后，本书借鉴指数编制方法中的加权综合指数法的相关研究成果（Paul，2000；徐国祥，2011)，确定了行业营销风险指数合成公式。具体包括以下几个方面。

4.4.2.1 要素层风险指数合成

在获取了指标层中各评价指标的风险测量值和权重之后，对测量值加权处理便可得到各要素层指数，计算公式如下：

$$S_h = G_i P_i^T = (I_1,\ I_2,\ \cdots,\ I_k) \times \begin{pmatrix} p_1 \\ p_2 \\ \vdots \\ p_k \end{pmatrix} \tag{4-45}$$

在式（4 - 45）中，S_h 为第 h 个事项层的指数，G_i 为第 h 个事项层下各评价指标的测量值，k 表示第 i 个事项层下观测指标的个数，$i = 1,\ 2,\ \cdots,\ k$，p_i 为第 i 个事项下各观测指标的权重，且 $p_1 + p_2 + \cdots + p_k = 1$。

4.4.2.2 维度层风险指数合成

在获取了要素层指数值后，对其进行加权处理后，便可得到各维度层指数值，其计算公式如下：

$$G_j = S_h D_h^T = (S_1, S_2, \cdots, S_q) \times \begin{pmatrix} D_1 \\ D_2 \\ \vdots \\ D_q \end{pmatrix} \tag{4-46}$$

在式（4-46）中，G_j 为第 j 个维度层的指数值，S_h 为第 j 个维度层下各要素层的指数值，q 表示第 j 个维度层下要素层的个数，$h=1, 2, \cdots, q$，D_h 为第 j 个维度层下要素层的权重，且 $D_1+D_2+\cdots+D_q=1$。

4.4.2.3 行业营销风险综合指数的合成

对维度层指数作加权处理后，便可得到营销风险总指数，其计算公式如下：

$$U = G_j W_j^T = (G_1, G_2, \cdots, G_m) \times \begin{pmatrix} W_1 \\ W_2 \\ \vdots \\ W_m \end{pmatrix} \tag{4-47}$$

在式（4-47）中，U 为行业营销风险总指数，G_j 为第 j 个维度层的指数值，m 表示维度层的个数，$j=1, 2, \cdots, m$，W_j 表示维度层的权重，且 $W_1+W_2+\cdot\cdot+W_m=1$。

在获取了评价指标的风险测量值 $R(x_i)$ 后，通过式（4-45）、式（4-46）便可计算出行业营销风险综合指数，为行业营销风险预警和控制提供简明、清晰、准确的参考标准。综合指数的量化区间在［0，100］之间，指数越大，表示风险越大。

需要指出的是，随着我国信息化水平的提高和企业营销管理能力的提升，在风险突出的食品、汽车、煤炭、纺织、房地产等几个重点行业，由行业协会、政府部门等监管机构进行及时、有效的行业营销风险指数评估与发布，建立行业性的营销风险指数标准，为相关企业提供科学的行业营销风险预警依据，已具有可行性。

4.5 本章小结

在本章中，针对目前营销风险评估中存在的主要问题，笔者基于不同指标属性的视角，通过优化 FA - BD 模型和改进营销风险评估方法。具体分析如下。

首先，运用盲数理论表达和处理了营销风险主观指标的盲信息问题，并通过引入专家综合可信度的概念，将专家不同的知识结构、资历以及对测评问题的把握程度，体现在主观指标的评价过程中，从而较好地解决了评价者主观模糊性的问题；其次，运用模糊数学中的梯形分布公式推导出营销风险客观指标分级隶属度关系函数，并结合预设的函数分界值来处理客观指标的指数表达问题，使得获取的风险信息数据能够直接参与指数的定量运算中，提升了评估结果的时效性和科学性；最后，通过隶属度函数将主观指标与客观指标的风险测量值置于一个分析框架中，确保了最终获得风险指数具有可比性和一致性。

通过以上分析，可以看到，由于充分考虑了多种因素对风险指数评估准确度的影响。因而，本书在行业营销风险指数评估过程中，可以将误差降低到最低程度，从而有效地提升了评估结果的科学性和精确性。

第 5 章

基于 ALARP 原理的行业营销风险预警

行业营销风险指数能够帮助企业及时地了解行业营销的风险状态和发展趋势。但在实践中，由于企业个体的差异性，使得行业营销风险对企业造成的影响程度也不相同。鉴于此，本章基于 ALARP 原理的基本思想与方法，通过构建风险可接受区域判断矩阵，明确不同风险偏好企业对行业营销风险的可接受程度，探索企业防范和应对行业营销风险的方法与模式。需要说明的是，由于笔者专业和研究领域所限，本书关于行业营销风险预警模式与预警体系的探讨，主要针对微观的企业层面。

5.1 行业营销风险预警等级划分

5.1.1 行业营销风险预警研究思路与预警动态均衡

5.1.1.1 行业营销风险预警研究的基本思路

风险预警是一种监控、分析和确定风险等级并发出预警信号的技术。营销风险预警一般是通过对营销系统可能出现的风险进行监测和评估，确定风险等级并发出相应的警示信息，提示企业相关部门采取应对措施（张云起，2006）。

通过第 2 章的文献回顾与分析，可以发现，传统的营销风险预警研究主要集中在建立指标体系、构建预警模型、确定预警等级和制定应对措施等方面，缺乏从风险偏好等企业个体因素视角进行的深入分析，从而造成企业难以判断行业营销风险对自身的影响程度，使得企业采取的风险应对措施存在较大盲目性。因此，在实践中往往会出现优势企业应对措施过于严格，从而浪费企业资源，失去风险机会；而弱小企业应对措施力度不足，难以达到风险管理的目的，造成较大损失。此外，由于忽视了不同行业的差异性，导致以往研究多采用平均分配区间长度的方法来划分警限，确定风险等级。这对于处理非线性的营销风险来讲存在明显缺陷，致使确定的预警等级缺乏充分的科学依据和适应性。

基于以上分析，本书根据行业营销风险预警的实际需要，对传统的营销风险预警研究过程进行了优化与改进，在风险评估和预警等级划分两个环节之后，引入了企业风险偏好与行业营销风险可接受区域的概念，探索企业开展行业营销风险预警的方法与模式，形成了本书对于行业营销风险预警研究的基本思路。

如图 5－1 所示，在完成了行业营销风险指数评估以及风险预警等级划分之后，本书将企业风险偏好等因素引入行业营销风险预警方法与应对策略的研究中。通过构建风险可接受区域判断矩阵，明确不同风险偏好企业对行业营销风险的可接受水平，使得企业能够准确判断出行业风险对自身的影响程度。在此基础上，构建了企业层面的行业营销风险预警系统。

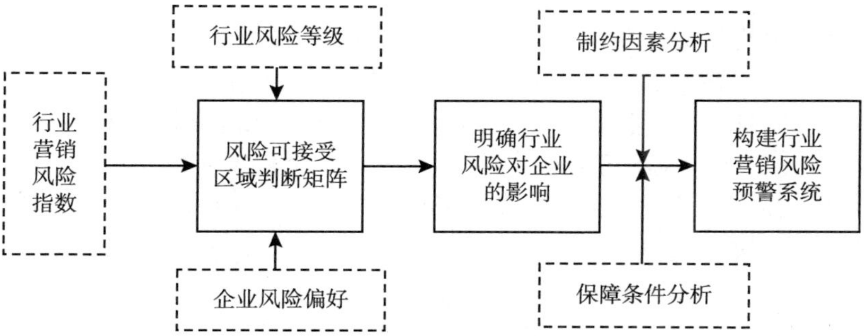

图 5－1　行业营销风险预警研究思路

通过以上分析，可以看到，实现行业营销风险等级、企业风险偏好和企业风险可接受水平三者之间的动态均衡，是本书开展行业营销风险预警研究的核心思想和切入点。以下内容也主要围绕如何实现预警过程中三者的动态均衡进行。

5.1.1.2 对行业营销风险预警动态均衡的解释

实现行业营销风险预警的动态均衡是开展行业营销风险预警研究的切入点。本书通过构建理论模型，围绕行业营销风险等级、企业风险偏好和企业风险可接受水平三者之间的动态均衡关系，对此进行深入分析与阐述。营销风险预警动态均衡如图 5-2 所示。

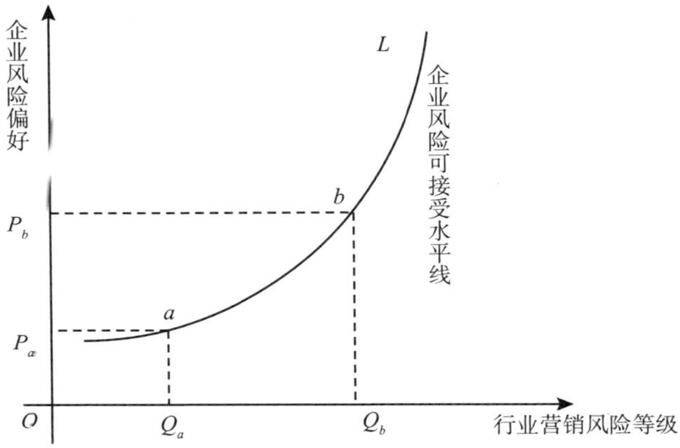

图 5-2 营销风险预警动态均衡

在本书构建的行业营销风险预警动态均衡模型中，横轴表示行业营销风险等级，纵轴表示企业风险偏好，曲线 L 表示企业风险可接受水平线。假设由于战略调整或企业实力增强等原因，企业将风险偏好由 $P_a \to P_b$（$P_b > P_a$），曲线 L 上的风险可接受水平也由 $a \to b$，从图 5-2 中可以清楚地看到，企业在 a 点的行业风险接受水平要高于 b 点，相应的，企业可接受的行业风险等级也由 $Q_a \to Q_b$（$Q_b > Q_a$）。由此可见，随着对于风险偏好的提升，企业对于行业风险可接受等级也应随之提高。

为了更好地理解行业营销风险的预警动态均衡，本书从另一个视角对该模型进行解释：某企业真实的风险偏好是在 P_a 点，其所能接受的行业风险等级是 Q_a，但在工作中，该企业未能充分认识自身状况，将风险偏好由 $P_a \to P_b$，相应的，其风险接受水平也随之由 $a \to b$，实际要承受的行业风险等级也由 $Q_a \to Q_b$。在这种情况下，企业要承受的行业风险等级远远大于其真实的风险承受能力，由于能力所限和措施不利，就会给企业带来较大损失。

风险越大，风险报酬就越高，在营销活动中，许多企业敢于冒险也正是出于这样的考虑（James Lam，2003）。但通过对图5－2的分析，可以清晰地看到，风险预警与应对需要消耗企业的大量资源。因而，行业营销风险预警与应对的理想状态应是要达到的风险管理目标与企业自身状况相匹配。那些不从企业的实际情况出发，只注重降低风险损失而脱离自身能力的风险预警与应对策略，不但会造成企业资源的浪费，还达不到风险管理的目的（Lind，2012）。

因此，企业在对行业营销风险进行预警与应对的过程中，应从行业营销风险等级、企业风险偏好和企业风险可接受水平三者均衡的视角，制定出合理的风险应对策略，使企业在有效减小风险损失的同时，又不会因盲目采取防范与应对措施而丧失风险中可能蕴藏的获利机会。

5.1.2　行业营销风险预警影响因素分析

由于多种因素制约，行业营销风险对企业造成的影响是有差异的，而企业风险偏好和企业风险承受能力是这些制约因素中最为关键的两个。因此，在行业营销风险预警研究中，有必要对企业风险偏好和风险承受能力，以及两者之间的关系进行分析和讨论。

5.1.2.1　风险偏好对企业开展行业营销风险预警的影响

企业风险偏好是指企业管理者在遇到风险决策问题时所表现出来的行为。管理者在企业经营过程中必然会遇到并处理各种类型的风险，他们对于承担风险的种类、大小等方面的基本态度和行为存在着较大的差异。

学者们根据管理人员面对风险时所表现出的态度倾向和行为特征，将企业风险偏好分为以下三类：（1）风险厌恶型。通常，风险厌恶型的管理者热衷于低风险的经营活动，相比于可能获得的高收益，他们更看中如何减小或避免经营活动中存在的风险。（2）风险追求型。与风险厌恶者刚好相反，风险追求型的管理者通常会主动追求风险，在他们看来只有敢于冒大风险，才能获取大收益。（3）风险中立型。风险中立型的管理者通常既不回避风险，又不主动追求风险。他们选择企业行为的标准是预期收益的大小，而风险状况如何则放在次要地位（Laugh，1980）。

风险偏好的差异最终表现在企业对风险的可接受程度上。不同风险偏好的企业由于风险接受程度的差异，使得他们在风险控制目标、风险预警控制措施的制定和执行等方面也有着不同的表现（潘琰，2013）。通常情况下，风险厌恶型企业的风险可接受程度较低，倾向于选择低风险的营销项目和活动。为了保持风险的低水平，此类型企业制定的风险管理目标和应对措施通常是三者之中最为严格的，执行力度也是最强的。与风险回避者恰恰相反，风险追求型企业的风险可接受程度通常较高，会主动追求风险，往往选择风险大的营销目标和项目，以期获取更多的风险收益。因此，风险追求型企业制定的行业风险预警目标和应对措施相对较为宽松，执行力度也相对较弱。风险中立型企业的风险接受程度居于前两者之间，通常既不回避风险，又不主动追求风险。此类企业选择营销行为的主要依据是预期收益的大小，而风险状况如何，则居于次要地位。因此，其所制定的风险预警目标和应对措施的严格程度与执行力度居于前两者之间（Cummins，2001）。

5.1.2.2 风险承受能力对企业实施行业营销风险预警的影响

风险承受能力是企业在风险事件发生时，通过运用自身及外在资源，保证企业正常运营状态的能力，包括企业的财务状况、经营绩效、资产安全、组织管理、企业文化以及风险应对经历等方面。企业风险预警目标和应对措施只有与自身风险承受能力相匹配，才能达到有效防范风险、减小损失的目的（Gerhard，2012）。通常，风险承受能力强的企业，其风险控制力和承受等级都相对较高，所制定的行业营销风险预警目标和应对措施会相对宽松；而风险承受能力较差的企业则更倾向于制定和实施更为严格的风险预警与应对措施，以便将行业营销风险可能带来的不利影响控制在较低的水平。

近年来，学术界对于企业风险承受能力进行了较为深入的研究，产生了一些有影响力的成果（Young，2009；张应语，2009；Gerhard，2012；潘琰，2013）。通过对以往文献的回顾与比较，本书认为，企业风险承受能力可以从风险预警能力、风险控制能力和风险支撑能力三个方面进行评价。其中，风险预警能力强调在风险爆发前，企业发现和消除风险潜在因素的能力；风险控制能力是指风险爆发后，消除或减小风险损失的能力；风险支撑能力则是指企业愿意或能够承受风险损失的能力。由于这一问题不是本书的研究重点，因而，对于企业风险承受能力就不再进行深入分析了。

5.1.2.3 企业风险偏好与企业风险承受能力的一致性假设

通过以上分析，可以推导出企业风险偏好与企业风险承受能力之间的逻辑关系：在理性选择的条件下，企业风险承受能力决定了企业对风险的可接受程度，而风险可接受程度又是企业管理者选择风险偏好的基础，最终不同风险偏好的企业由于风险可接受程度的差异，使其在风险控制目标、风险管理措施的制定和执行等方面也有着不同的表现（如图 5-3 所示）。

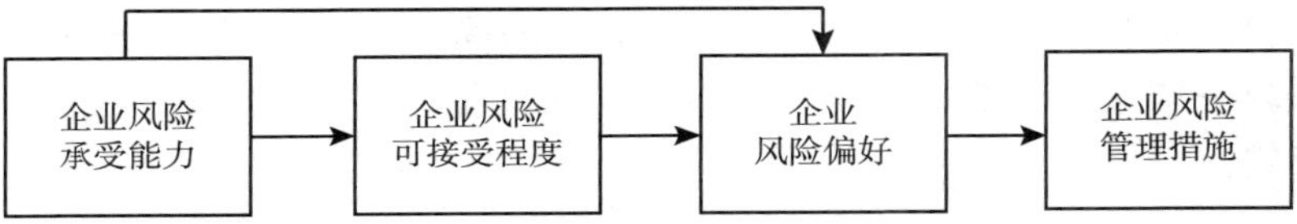

图 5-3 企业风险偏好理性选择过程

在某些特殊的情况下，也会有一些“过于冒险”或“贪图安逸”的企业出现非理性选择，表现出与自身风险承受能力不一致的风险偏好。但在激烈的竞争环境中，这些企业很难长期稳定地生存下去。因而，相对于理性选择风险偏好的企业，那些非理性的企业是少数，可视为特殊情境下的“小概率事件”。

基于以上分析，笔者认为，在一般情况下，大多数企业所表现出的风险偏好是根据自身的风险承受能力为基础作出的理性选择（Lucia Naldi, 2007）。风险承受能力强的企业所能承受的风险等级会高一些，其风险偏好更倾向于风险追求型；而风险承受能力较差的企业所能承受的风险等级会低一些，他们往往更愿意选择厌恶型风险偏好。

在经济学和管理学的理论研究中，模型大多是在一定的假设条件下对于大概率事件的分析和判断，如果纠结于那些小概率的特殊事件，则很难再进行深入的研究（李子奈，2010）。因而，在本章的研究中，笔者假设企业管理者是充分理性的，能够正确地认识企业的自身能力，所选择的企业风险偏好与企业风险承受能力具有一致性。这一假设符合研究目标的“大概率原则”（Canterbury E. R.，1983），使得本书的研究过程和研究结论更为准确清晰（Brian P. Cozzarin，1998）。

相比企业风险承受能力等其他权变因素，学术界对于风险偏好已有了较为成熟的分类标准，且不同类型之间具有明显的区别，为本书进行风险偏好细分和量化奠定了较好的研究基础（见本章 5.2.3 的相关内容）。因此，在本章的以下内容中，笔者主要基于企业风险偏好的视角，探索企业开展行业营销风险预警的模式与方法。

5.1.3 行业营销风险预警等级及其指数区间划分

从逻辑上风险预警应包括以下几个阶段：明确警义、寻找警源、分析警兆并预报警度。其中，明确警义是前提，是预警研究的基础；而寻找警源、分析警兆属于对警情的因素分析及定量分析；预报警度则是预警的目的所在（顾晓安，2000）。而警度的确定和警限的划分是风险预警系统中的关键环节之一，也一直是风险预警研究中没有得到很好解决的难题。

5.1.3.1 行业营销风险预警等级及其指数区间划分的理论依据

目前，常见的警度和警限划分方法有系统化方法、变量控制图以及集合判别等，尽管具体的操作步骤有所差异，但通常是根据警情的严重程度，将警度划分为无警、轻警、中警、重警和巨警五个等级。然而，这些方法多是以定性分析或按平均分配区间长度的方法来划分警限，进而确定风险等级，缺乏充分的科学依据，具有一定的局限性，尤其对于处理非线性的营销风险来讲，存在明显的缺陷。

近年来，有学者尝试应用概率分析法来解决风险预警等级划分中存在的这一问题。三建成（1998）较早用概率分类设计了宏观经济预警系统，并通过对我国棉花生产情况的预警实例，说明概率分类模型与传统预警分类方法有着明显的优点。此后，黄吉政（Jih - Jeng Huang，2006）、朱金鑫（2009）等国内外学者对概率分类法的原理和应用进行了更为深入的研究。这些学者中，詹原瑞（2004）利用风险的发生概率与风险评价值为基础进行的风险等级划分方法，在企业风险管理研究和应用方面取得了很好的效果；张云起（2006）利用概率分析法确定了营销风险的区间长度，并经过神经网络模型的多期企业数据实验，确定了风险等级及其取值范围，在学术界获得了较为广泛的认可。

通过对以往研究成果的比较与分析，本书将行业营销风险划分为巨险、大险、中险、小险和微险 5 个等级。在此基础上，利用概率分析法中的 3σ 法则对行业风险数据进行优化与训练，以确定科学的行业营销风险等级指数区间。在实践中，最高等级和最低等级的营销风险较少，而大部分营销风险处于中间等级。由此，为了确保研究过程的可行性和研究结论的准确性，在理论研究中可以认为营销风险等级符合正态分布（王颖喆，2008）。

由正态分布曲线法则可知：（1）正态分布曲线关于直线 $x=\mu$ 对称；（2）当 $x<\mu$ 时，曲线上升；当 $x>\mu$ 时，曲线下降。当曲线向左右两边无限延伸时，以 x 轴为渐近线；（3）标准差 σ 越大，正态曲线越扁平；标准差 σ 越小，正态曲线越尖陡。

正态分布曲线 x 的取值范围为：

$$P(\mu-\sigma<x\leqslant\mu+\sigma)=68.3\%$$
$$P(\mu-2\sigma<x\leqslant\mu+2\sigma)=95.4\%$$
$$P(\mu-3\sigma<x\leqslant\mu+3\sigma)=99.7\%$$

由此可见，正态变量 x 的取值落在区间（$\mu-3\sigma$，$\mu+3\sigma$）之外的概率小于 0.003，可以认为是极难发生的小概率事件。因此，（$\mu-3\sigma$，$\mu+3\sigma$）是随机变量 x 实际可能的取值区间，称为“3σ 法则”。这一原则为本书划分行业营销风险指数等级区间提供了很好的研究思路和工具。

5.1.3.2　行业营销风险预警等级指数区间划分

通过以上分析，可以看到，在正态分布 x 的取值密度函数中有两个常数：算数平均数 μ 和标准差 σ。正态分布 x 的值有 95.4% 落在（$\mu-2\sigma$，$\mu+2\sigma$）区间内。基于以上分析，本书认为，行业营销风险等级中的大警、中警和小警的评估指数落在以平均值为中心的左右各 2 个 σ 的范围内。

笔者应用第 4 章中构建的 FA－BD 评估模型，利用我国乘用车制造行业 2011～2014 年的行业营销风险历史数据和信息资料，按每季度为一个评估期，共获取了 16 期风险综合指数，如表 5－1 所示。在评估中，所使用的客观监测数据来源于我国乘用车制造行业的 14 家上市公司季度财务报表以及相关的研究报告，个别不全的资料信息则由专家组估计补充。对主观指标则由本书组织的 5 人专家组进行评估，专家组成员与第 6 章案例研究中专家组的构成状况一致。调研与评估的原始数据见附录 3 和附录 4。

表 5－1　　乘用车制造行业营销风险综合指数调研统计

调查年份	一季度	二季度	三季度	四季度
2011	23	45	68	78
2012	74	69	59	42
2013	33	30	25	24
2014	35	56	69	68

由于风险指标取值区间为［0，100］，因而，可采用平均值确定中心值的方法求得 $\mu=50$。基于表 5－1 所示的 16 个评估期的行业营销风险综合指数，可求得 $\sigma\approx19$。至此，本书获取了绘制正态分布曲线的几个关键数值：$\mu=50$，$\sigma\approx19$，$n=16$。其中，x 是正态分布的随机变量数值区间；μ 是分布的算数平均数；σ 是分布的标准差。

在此基础上，本书在 Excel 软件中，使用正态分布的密度函数 Normdist（x，μ，σ 值）来获取行业营销风险指数的正态分布曲线，绘制了行业营销风险指数区间分析模型，如图 5－4 所示，并由此确定了行业风险预警等级指数区间。

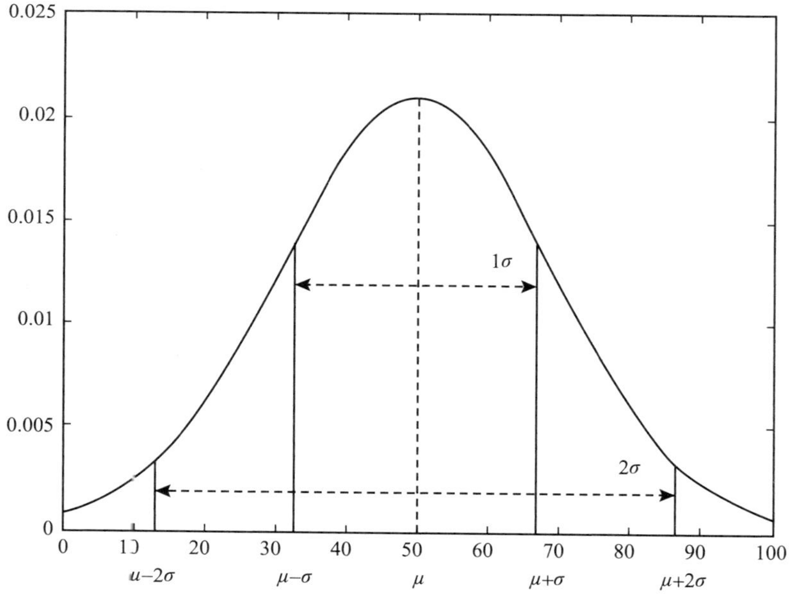

图 5－4　行业营销风险标准指数区间分析模型

在本节中，笔者基于乘用车制造行业的历史数据，应用FA－BD指数评估模型获取了如表5－1所示的行业营销风险指数。以此为依据，计算出行业营销风险指数分布的标准差σ值，然后运用3σ法则确定了行业营销风险等级指数区间，如表5－2所示。

表5－2　　行业营销风险等级指数区间

风险等级	巨险	大险	中险	小险	微险
指数区间	[88，100]	[69，88)	[31，69)	[12，31)	[0，12)

需要指出的是，为了保证一致性和权威性，行业营销风险预警等级及其指数区间的划分与发布应由政府相关部门、行业协会等监管机构来完成。此外，由于本节所使用的数据主要来源于乘用车制造行业。因而，所确定的行业营销风险等级指数区间更多地考虑了汽车行业的特性。对于其他行业来说可能存在一定的偏差，但指数区间的分析方法和思路具有科学性和可行性。在实践操作中，如能获取其他行业的相关风险数据，就可按以上方法和步骤确定该行业营销风险预警等级指数区间。

5.2　基于ALARP原理的行业营销风险预警方法研究

在获取了行业风险指数后，并不意味着企业可以据此直接采取应对措施了，而是应当在充分考虑自身风险偏好和风险承受能力等因素的基础上，通过分析当前行业营销风险对自身的影响程度来判断当前的行业风险是否可以接受，进而制定合理的行业营销风险预警与应对策略。而ALARP原理是解决这些问题的理想工具（Aven，2007）。

5.2.1　ALARP原理的基本方法与应用

在实践中，由于企业风险偏好和抗风险能力不同，即使面对相同的风险，有些企业可能“听之任之”，而有些企业则可能“如临大敌”。因此，要进行有效的行业风险预警和防范，企业首先要清楚，什么样的风险是可接受的，什么样的风险不能容忍（Lind，2012）。在此基础上，才可能制定出符合企业实际情况的应对策略。否则就会出现应对措施“矫枉过正”

或“力度不足”的问题，继而引发一系列的严重后果。为了避免此类决策失误，企业需要准确地确定符合其实际状况的行业营销风险可接受水平。对此，本书借鉴ALARP原理的基本思想与方法来解决这一问题。

ALARP（as low as reasonably practicable）原理是最低合理可行原则的英文简称，是当前应用较为广泛的一种风险可接受水平的判断准则，已在多个领域取得了良好的社会效益和经济效益。对资源有限的企业来说，不可能通过预防和控制措施来彻底消除风险，并且当风险水平越低时，要进一步降低就越困难，其成本也会迅速上升，使得风险管理的边际效益递减，最终趋于零，甚至为负值。因此，必须在企业风险水平和防控成本之间做出一个折衷（RE Melchers，2001），这也是ALARP原理的核心思想。

ALARP原理是在企业具备的技术条件与合理费用下，依据风险严重程度，将风险划分为不可容忍区、可忽略区和可容忍区。其中，落入不可容忍区的风险往往破坏力巨大，无论如何也不能被接受，企业必须采取措施将其消除或降低。可忽略区的风险通常是可以被接受的，企业也无须采取进一步的风险控制措施。但需满足下列条件之一时，风险才是可允许的：一是在当前的技术条件下，进一步降低风险的不可行；二是降低风险所需的成本远远大于降低风险所获得的收益。可容忍区的风险是指企业为了获取风险收益，能够容忍一定范围内的风险存在，但这并不意味着不可以被忽视，仍须保持密切监测。对于风险是否能进入可容忍区，则需要进行风险管理效益分析来决定，如果分析结果表明，进一步加强风险管控的成本大于风险造成的损失，则认为该风险是可允许存在的；反之，如果加强风险管控的成本小于风险造成的损失，则应采用有效的措施来降低此类风险。

经过多年的发展，ALARP原理已成为确定企业风险可接受水平的经典框架，对企业可接受风险的选择以及合理制订风险处理方案具有重要意义。因此，借鉴ALARP原理的基本思想与方法来研究行业营销风险的预警问题，具有较强的科学性和可行性。

5.2.2 行业营销风险可接受区域划分

基于ALARP原理的视角，可以将企业风险可接受程度视为一个决策问题，管理者需综合考虑企业的风险偏好、风险承受水平以及风险可能带来的损失，决定是否接受某一风险以及如何处理这些风险（M. Jones -

Lee，2011），从而为企业开展行业营销风险预警提供了很好的研究思路和分析框架。由此，本书基于 5.1.3 中关于行业营销风险预警等级的研究结论，对 ALARP 原理中的风险区域进行了细化与改进，将行业营销风险可接受区域划分为可忽略区、可接受区、不期望区、不可接受区和绝对风险区五个等级，为进一步确定符合企业实际的风险可接受程度奠定基础，如图 5 –5 所示。

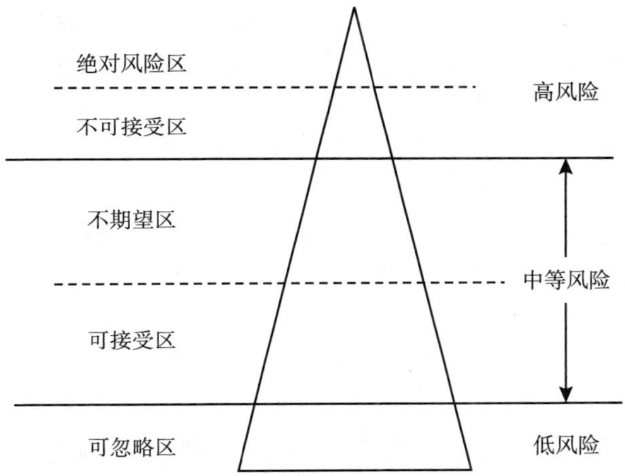

图 5 –5　行业营销风险可接受区域

资料来源：M. Jones – Lee，T. Aven，ALARP – What Does It Really Mean [J]. *Reliability Engineering and System Safety*，2011，96（8）：877 –882.

本书对图 5 –5 中五个风险可接受区域进行解释如下。

第一，绝对风险区的行业营销风险威胁程度最大，属于一级风险，与预警等级中的“巨险”相对应。一旦爆发，可能会带来重大打击，甚至威胁企业生存。通常，对于此类风险的企业很难规避，可先判断其影响程度，以确定是否放弃或改变营销战略；若已遭受损失，则应尽快启动危机管理程序，制订危机处理方案，避免损失进一步扩大。

第二，不可接受区的行业营销风险威胁程度次之，属于二级风险，与预警等级中的“大险”相对应。一旦爆发，往往给企业带来较大损失，致使企业营销目标无法实现。但与绝对风险区不同的是，如果企业能及时采取有效的应对策略，就可减少此类风险带来的损失。因此，企业应全力将此区域风险的威胁程度至少降低到不期望区的水平。

第三，不期望区的行业营销风险对企业的威胁程度中等，属于三级风险，与预警等级中的“中险”相对应。此类风险爆发后对企业营销活动不会产生重大影响，但需要强调的是，企业降低此类风险威胁的成本要小于其带来的损失，这也是与可接受风险最大的区别。在实践中，企业可通过加强营销策略制定的科学性、整顿企业营销部门中的薄弱环节等措施，提升企业抵御此类风险的能力；如有必要，可对营销战略或营销项目进行适当调整，以降低甚至消除此类行业风险可能带来的损失。

第四，可接受区的行业营销风险通常较小，属于四级风险，与预警等级中的“小险”相对应，对企业不会产生大的影响，威胁程度小于不期望区，且降低此类风险的成本往往要高于风险带来的损失。因而，企业一般无需对其采取处理措施，继续执行原有的营销计划和风险预警策略，但需要加强对突发性风险的监测。

第五，可忽略区的行业风险往往极小，与预警等级中的“微险”相对应。此类风险是行业营销风险中最为常见的，但即使爆发，对企业的营销活动也几乎不会产生影响，企业对其可以采取不设防措施，按原有的营销计划大胆经营，但要预防出现突发性风险。

5.2.3 行业营销风险可接受区域指数区间确定

在上一节中，本书基于 ALARP 原理对行业营销风险可接受区域进行了划分，每一区域反映的风险大小和应对策略是不一样的。为了进一步提升预警研究的准确性和实用性，本节将综合运用 λ 均值面积度量法和企业风险偏好系数，从企业风险偏好的视角，确定不同的行业营销风险可接受区域对应的指数区间。具体过程如以下几个步骤。

5.2.3.1 企业风险偏好映射实数值的确定

风险偏好是企业面对风险时必然产生的权衡利害的反应，不同的企业因其行业性质、自身实力等原因会有不同的风险偏好。通常可按企业对风险的不同倾向，将企业风险偏好分为风险厌恶型、风险追求型和风险中立型三类（Cummins，2001）。本书用赌博当量法（SGT）来解决企业风险偏好的量化问题。

赌博当量法是风险决策中普遍使用的一种风险偏好的鉴定方法（姜青舫，2006）。这种方法假设决策者面对一种测试性赌博，赌博结果是一好一坏，然后令其评定介于两者之间的某一结果值，要求它与赌博价值完全相等，称此结果值为赌博当量，并将其数值记为 λ。设［x，α，y］表示赌博，其中 $x<y$，α 表示 y 的概率，x 概率则为 $1-\alpha$，$0\leqslant\alpha\leqslant 1$。企业风险偏好可通过其评定的当量 λ 来刻画。把当量 λ 与赌博的等价关系记为［x，α，y］$\Leftrightarrow\lambda$，称此式为赌博当量的无差异式，其中各变量满足 $x<\lambda<y$。

用赌博当量法在对企业风险偏好进行量化的过程中，企业确定了风险偏好之后，其效用函数式也就随之确定。企业不同的风险偏好可由 λ 值的大小来区分。学者们就如何运用赌博当量技术进行了充分地讨论，并对风险偏好值 λ 的取值范围进行了划分（Bell，1988；姜青舫，2006）：

当 $\lambda<E([x,\ \alpha,\ y])$，称企业风险偏好为风险厌恶型；

当 $\lambda=E([x,\ \alpha,\ y])$，称企业风险偏好为风险中立型；

当 $\lambda>E([x,\ \alpha,\ y])$，称企业风险偏好为风险追求型。

$E(\cdot)$ 表示［x，α，y］的数学期望值 $(1-\alpha)x+\alpha y$。由于 λ 与 $E([x,\ \alpha,\ y])$ 之间不可能存在除了以上关系的第四种关系（姜青舫，2006）。因此，也不可能存在三种偏好之外的其他风险偏好，这与传统的企业风险偏好分类也是一致的。

为了便于操作和计算，本书选取函数原点和一个单位的量，令 $x^L=0$ 和 $x^u=1$，则赌博当量的无差异式［x，α，y］$\Leftrightarrow\lambda$ 可视为 $x^l\to 0$ 和 $x^u\to 1$ 的极限函数。风险偏好因子 λ 可变换为 0－1 分布的标准式，记为［0，α，1］$\Leftrightarrow\lambda$。而有了 λ 值，企业风险偏好量化模型便可建立。

由此，当 $\lambda=0.5$ 时，有 $\lambda=E(x^L,\ \alpha,\ x^u)$，则企业风险偏好为中立型；当 $0\leqslant\lambda<0.5$ 时，有 $\lambda<E(x^L,\ \alpha,\ x^u)$，则企业风险偏好为厌恶型；当 $0.5<\theta\leqslant 1$ 时，有 $\lambda>E(x^L,\ \alpha,\ x^u)$，则企业风险偏好为追求型。对于风险偏好因子 λ 值的确定，学术界已有较为成熟的研究成果。本书在这些研究成果的基础上（Levy，1992），对企业风险偏好进行了量化定值。

如表 5－3 所示，本书用 11 种 λ 值来反映企业风险偏好的性质和程度，体现了从极度厌恶风险到极度追求风险的偏好类型，能够较为全面地描述企业风险偏好的基本类型。如此划分更为简明清晰，便于企业从中选择自己的风险偏好。在实际应用中，专家组可根据自身经验以及相关的知识和资料，与企业深入沟通后，确定企业风险偏好的类型和对应的风险偏好因子 λ 值。

表 5-3 风险偏好因子取值模型

风险厌恶型	λ 值	风险中立	风险追求型	λ 值
极强风险追求	0		极弱风险厌恶	0.6
较强风险追求	0.1		较弱风险厌恶	0.7
一般风险追求	0.2	$\lambda=0.5$	一般风险厌恶	0.8
较弱风险追求	0.3		较强风险厌恶	0.9
极弱风险追求	0.4		极强风险厌恶	1

5.2.3.2 用λ均值度量法确定不同区域的行业风险可接受指数区间

在前文中，本书用3σ法则确定了如表5-2所示的行业营销风险等级指数区间，从低到高分别是［1，12］，（12，31］，（31，69］，（69，88］和（88，100］，但不同风险偏好企业的行业营销风险可接受程度是不同的。因而，需将企业风险偏好的概念引入行业营销风险可接受指数区间的确定中。对此，本书借鉴相关研究成果（Enriqueta，2007；马风才，2007），通过构建λ均值度量公式来解决这一问题。具体过程如下。

设 $\tilde{a}$ 为风险等级指数区间，这一区间可视为模糊数 $\tilde{a}=(a_L, a_r)$。对于模糊数 $\tilde{a}$，可通过式（5-1）转换为实数：

$$D_t(\tilde{a})=\lambda a_L+(1-\lambda)a_r \tag{5-1}$$

在式（5-1）中，$\lambda(0\leqslant\lambda\leqslant1)$为企业风险偏好系数，$t(t=1, 2, \cdots, 4)$表示行业风险等级之间的分界值，$D_t$ 表示第 t 种风险偏好类型企业的行业风险可接受指数。需要说明的是，由于本书构建的模型测量出的行业营销风险指数在［0，100］之间，因此只需计算出4个分界值即可。

由式（5-1）可得到不同类型风险偏好企业的行业风险等级分界值计算式：

$$D_t=\begin{bmatrix} D_1=\lambda\times69+(1-\lambda)\times88 \\ D_2=\lambda\times31+(1-\lambda)\times69 \\ D_3=\lambda\times12+(1-\lambda)\times31 \\ D_4=\lambda\times1+(1-\lambda)\times12 \end{bmatrix} \tag{5-2}$$

以风险中立型偏好企业为例，通过表5-3可知，$\lambda=0.5$，由式（5-2）可得该偏好类型企业的行业风险等级分界值分别为：$D_1=79$，

$D_2=50$，$D_3=21$，$D_4=7$。由此，风险中立型企业五个区域的可接受风险指数区间分别为［1，7］，（7，21］，（22，50］，（50，79］和（79，100］。同理，可确定其他风险偏好企业的风险可接受区域对应的指数区间如表 5－4 所示。

表 5－4　不同风险偏好企业的行业营销风险可接受区域指数区间

区域	极强追求	较强追求	一般追求	较弱追求	极弱追求	风险中立	极弱厌恶	较弱厌恶	一般厌恶	较强厌恶	极强厌恶
绝对风险区	89～100	87～100	85～100	83～100	81～100	79～100	77～100	75～100	73～100	71～100	69～100
不可接受区	70～88	66～86	62～84	59～82	55～80	51～78	47～76	43～74	39～72	35～70	31～68
不期望区	32～69	30～65	28～61	26～58	24～54	22～50	20～46	18～42	16～38	14～34	13～30
可接受区	13～31	12～29	11～27	10～25	9～23	8～21	7～19	6～17	5～15	4～13	1～12
可忽略区	1～12	1～11	1～10	1～9	1～8	1～7	1～6	1～5	1～4	1～3	1～2

通过对表 5－4 的分析，可以看到，风险追求型的企业能接受的行业风险水平要高于风险厌恶型的企业。以指数为 60 的行业营销风险为例，具有较强风险追求型的企业会将其列入风险不期望区，对其可以不采取过多的防范与应对措施，只需密切关注即可；但对于具有较强风险厌恶型的企业来说，这样的风险已落入不可接受区，一旦爆发，往往会给企业带来较大损失，是企业不惜成本也要进行防范和应对的行业营销风险。

综合以上分析，本书认为，运用 λ 均值度量法和企业风险偏好系数，从企业风险偏好的视角来划分不同等级的行业营销风险可接受指数区间，从而将企业风险偏好的概念合理地引入行业营销风险可接受水平的确定过程中，其充分考虑了不同企业对于风险接受程度和处置方法的差异性，具有较强的科学性和实效性。

5.2.4　行业营销风险可接受区域判断矩阵构建

为了使分析更加简明清晰，本节在前文相关研究的基础上，选择了五类最具代表性的企业风险偏好类型，构建了如表 5－5 所示的行业营销风险可接受区域判断矩阵，从而将行业营销风险指数、企业风险偏好以及企业风险可接受水平这三个维度置于一个分析框架之中。

表 5 -5　　　　行业营销风险可接受区域判断矩阵

风险偏好	绝对风险区（一级）	不可接受区（二级）	不期望区（三级）	可接受区（四级）	可忽略区（五级）
较强风险厌恶型	71 ~ 100	35 ~ 70	14 ~ 34	4 ~ 13	1 ~ 3
较弱风险厌恶型	75 ~ 100	43 ~ 74	18 ~ 42	6 ~ 17	1 ~ 5
风险中立型	79 ~ 100	51 ~ 78	22 ~ 50	8 ~ 21	1 ~ 7
较弱风险追求型	83 ~ 100	59 ~ 82	26 ~ 58	10 ~ 25	1 ~ 9
较强风险追求型	87 ~ 100	66 ~ 86	30 ~ 65	12 ~ 29	1 ~ 11

在实际应用中，企业获取了行业营销风险综合指数后，就可以根据企业风险偏好类型，在该矩阵中确定自己的行业营销风险可接受区域，明确当前行业风险对其的影响程度，并据此制定和实施相匹配的应对策略，从而使得企业在减小或消除行业风险可能带来损失的同时，又不会因盲目采取措施而丧失风险中可能蕴藏的获利机会。因而，可以认为该矩阵具有较强的可行性和实用性。

需要说明的是，表 5 -5 中所展现出的风险可接受区域指数是依据乘用车制造行业的相关数据测算出来的，更适合于汽车制造企业。但在实践中，不同行业的具体情况是有差异的，即使是同一家企业，在不同的发展阶段和环境中，企业风险偏好等因素也可能发生较大变化。因而，该矩阵在实际应用过程中，若能根据行业、地域和企业的具体情况，在行业风险等级的划分、企业风险偏好的分类以及行业风险可接受指数区间的计算等方面有所调整，将会发挥更好的功效。

5.3　行业营销风险预警及其体系设计

5.3.1　行业营销风险预警过程分析

行业营销风险多是由企业外部环境变化引起的，一旦发生，企业一般不可控制，对其进行有效地监测与预警就显得格外重要。总体来看，行业营销风险预警可分为三个阶段：一是通过识别行业营销风险和构建风险评估模型来获取行业营销风险指数。为确保风险信息的权威性，这一阶段的工作通常应由行业协会、政府部门等行业监管机构完成。二是企业通过风险指数来判断当前的行业营销风险状态与趋势，并根据自身的风险偏好等因素，明确企业对当前行业营销风险的可接受程度。三是在前两个阶段的基础上，企业可根据具体状况，制定相匹配的行业营销风险防范与应对策略。

从根本上分析，企业开展行业营销风险预警就是在外部约束的条件下，利用企业内部风险管理机制，将行业风险信息转化为决策和行动建议，以帮助企业及时掌握行业的风险状态和趋势，提供准确的风险信息和有效的应对建议。由此，本书认为，一套完善的行业营销风险预警体系应包括风险预警分析系统、风险预警信号系统和风险预警报告系统三个部分，如图 5－6 所示。

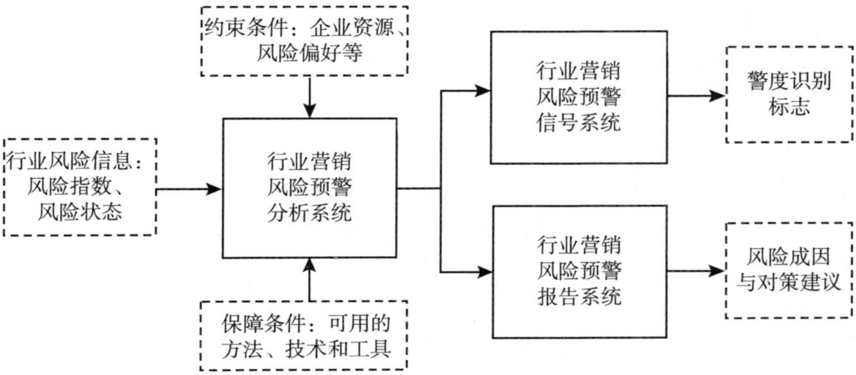

图 5－6　行业营销风险预警体系

需要说明的是，由于专业和研究领域所限，本书所讨论的行业营销风险预警体系仅限于微观的企业层面，并不包含宏观性的行业预警体系。

5.3.2　行业营销风险预警体系设计

5.3.2.1　风险预警分析系统

预警分析系统的主要功能是利用企业内部机制，将获取的各类行业风险信息转化为企业需要的风险管理信息，为形成符合实际情况的预警信号和预警报告奠定基础。因此，这一环节是整个行业营销风险预警体系的核心。为了确保风险预警分析系统的有效运行，以下三个因素是需要充分考虑的：（1）风险信息主要包括评估期内的行业营销风险指数、威胁较大的行业营销风险事件及其发生条件和演变规律等。为了保证分析结论的准确性，对于各类信息的采集和分析要尽量做到准确无误、客观可靠。（2）约束条件是指影响和制约企业风险管理态度和行为的因素，包括企业自身的风险偏好、风险承受能力以及外部的宏观经济状况、政策法律等方面。（3）保障条件是指能够支持企业风险管理策略实施的因素，包括企业可采用的风险应对技术和工具、与政府部门等相关的组织关系、风险处理经验和历史信息等。此外，综合应用多种风险管理工具和方法的能力也是企业能够有效展开行业营销风险预警的重要保障条件。

5.3.2.2 风险预警信号系统

企业通过预警分析系统，明确了行业营销风险区的等级及其对企业的影响程度，接下来就需要根据不同的风险等级进行不同级别的报警，这就需要建立风险预警信号系统。

风险预警信号系统能够根据行业营销风险指数等信息数据，通过启动预警标志，及时地将最新的风险状态告知企业相关人员和部门，以便采取应对措施。由于风险信号报警是以迅速、及时为首要目的，因而，在实践中往往运用计算机程序来管理报警信号。

在借鉴相关研究成果的基础上（吴海霞等，2004），本书构建了行业营销风险预警信号系统。在此系统中，绿色、蓝色、黄色、橙色和红色五种颜色的预警信号灯分别对应可忽略区、可接受区、不期望区、不可接受区和绝对风险区，如表 5－6 所示。

表 5－6　　行业营销风险预警信号系统

风险等级	绝对风险区（一级）	不可接受区（二级）	不期望区（三级）	可接受区（四级）	可忽略区（五级）
预警信号	● 红灯	● 橙灯	● 黄灯	● 蓝灯	● 绿灯

在行业营销风险实际运行过程中，当管理人员输入行业营销风险主观

指标的专家综合评价值和客观指标的监测数据后，评估和预警系统就会自动计算出各层指标的风险指数，并根据企业风险偏好类型和预设的风险可接受标准，来确定各层元素的风险可接受区域，同时亮起相应颜色的信号灯。管理人员就能够根据报警信号，迅速地获悉最新的行业营销风险状态，可以及时地采取应对措施，从而减少风险损失。

此外，预警信号系统不仅能监测行业营销风险综合指数，还能够对行业营销风险指标体系中的各层级要素进行监测和预警。其中，对于维度层和要素层的预警，可以将相对应的风险指数作为依据；对于指标层的预警，可分别将主观指标的专家评价值，以及客观指标的风险监测值作为依据。

5.3.2.3　风险预警报告系统

风险预警报告系统通常以书面报告的形式，将主要的行业营销风险的形成原因、状态和趋势以及应对建议等内容报送企业的相关部门，以警示相关人员和部门制定符合实际情况的行业营销风险应对策略，减小或消除给企业带来的风险损失，同时避免盲目性地控制风险。一份完整的行业营销风险报告应包括风险状态说明、主要风险事件描述、主要风险来源与趋势、风险后果预测和措施建议五个方面，如图 5－7 所示。

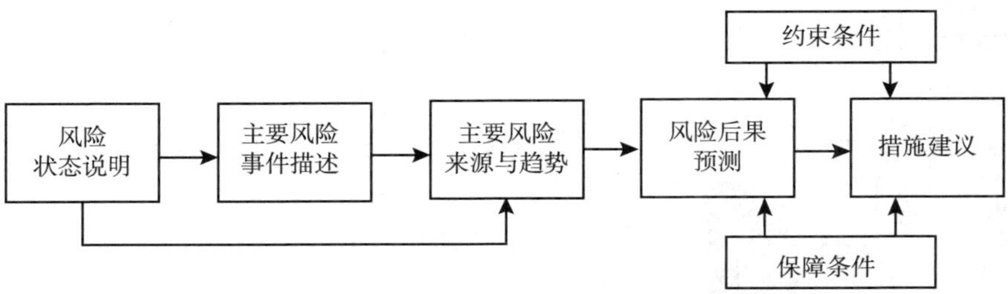

图 5－7　行业营销风险预警报告的基本结构

企业可根据实际需要，形成月报、季报和年报有机结合的预警报告制度。管理人员通过多个评估期的预警报告，能够更清晰地观察行业营销风险的变化趋势，进而及时调整营销策略，从而有利于减小行业营销风险给企业带来的损失。

行业营销风险报告的编制应遵循以下三点原则：第一，客观性。风险报告必须基于真实的原始数据，客观评价每一个风险细节之后，综合运用市场、财务以及战略等多学科知识编制而成。第二，科学性。风险预警报告的任何失误都可能给企业带来损失，甚至是致命的打击。因此，风险报告的编制应注意全面调查与重点核查相结合，定量分析与定性分析相结合，经验总结与科学预测相结合，以保证相关数据的客观性、使用方法的科学性和评估结论的准确性。第三，可行性。风险报告不是空泛的议论或学术见解，而是要为企业提出有效的风险应对策略。因此，在语言上要简明易懂，在时间上要及时高效，所提建议要符合企业实际、切实可行。基于以上的分析和原则，本书编制了如表 5 - 7 所示的行业营销风险预警报告示例。

表 5 - 7　　　　行业营销风险预警报告示例

<table>
<tr><td colspan="2">报告评估期</td><td colspan="4">________年________月至________年________月</td></tr>
<tr><td colspan="2">行业风险指数</td><td colspan="2"></td><td>风险预警等级</td><td></td></tr>
<tr><td rowspan="4">异常变化指标</td><td>名称</td><td>现期数据</td><td>上期数据</td><td>上上期数据</td><td>变化原因及对企业的影响</td></tr>
<tr><td>1.</td><td></td><td></td><td></td><td></td></tr>
<tr><td>2.</td><td></td><td></td><td></td><td></td></tr>
<tr><td>……</td><td></td><td></td><td></td><td></td></tr>
<tr><td rowspan="3">风险事件描述</td><td colspan="3">重要的行业风险事件</td><td colspan="2">对企业的影响分析</td></tr>
<tr><td colspan="3">1.</td><td colspan="2"></td></tr>
<tr><td colspan="3">……</td><td colspan="2"></td></tr>
<tr><td rowspan="3">风险趋势及其损失</td><td colspan="3" rowspan="3">趋势预测图：
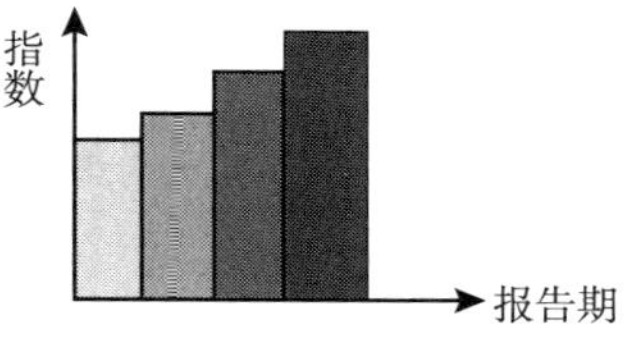
</td><td colspan="2">趋势分析：〈分析行业营销风险趋势〉</td></tr>
<tr><td colspan="2">原因分析：〈分析引起风险变化的原因〉</td></tr>
<tr><td colspan="2">损失预测：〈带来损失的最大值与最小值及其概率〉</td></tr>
<tr><td>措施建议</td><td colspan="5"></td></tr>
<tr><td colspan="2">报告人</td><td colspan="2"></td><td>送交部门</td><td></td></tr>
</table>

对行业营销风险预警报告示例中关键项目进行简要地解释与说明。

(1) 异常变化指标。行业营销风险预警不仅要依据行业营销风险综合指数，还可通过主观指标的专家组评估值和客观指标的风险监测值的变化，来预测行业营销系统中局部的风险趋势。

（2）风险事件描述。为了帮助管理者做出正确的应对策略，预警报告必须对评估期内主要的行业营销风险事件作出全面的分析，包括风险事件以什么状态存在、情况应该怎样、这种状态是否持续、是绝对风险还是机会风险等。

（3）风险趋势及其损失。报告中的风险趋势与损失分析，既可以针对行业整体的营销风险状况，也可以针对某几个异常变化的指标。主要的预测内容包括分析行业风险的变化趋势和原因，以及风险一旦爆发将给企业带来损失的最大值、最小值及其概率；

（4）措施建议。在明确企业损失承受度等条件的基础上，提出了符合企业实际情况的行业营销风险应对策略。

5.4 本章小结

行业营销风险的影响力除了与风险自身大小相关外，还与风险偏好和承受能力等企业个体因素有着密切联系。因而，只有实现行业风险等级、企业风险偏好和企业风险可接受水平三者之间的动态均衡，才能制定出行之有效的行业风险应对策略。

基于以上认识，在本章的研究中，笔者应用概率统计中的 3σ 法则来确定行业营销风险预警等级的指数标准，其充分考虑了营销风险指数分布非线性特点，从而弥补了以往研究中平均分配风险等级区间长度这一方法的弊端。在此基础上，基于 ALARP 原理的基本思想与方法，通过 λ 均值度量法构建风险可接受区域判断矩阵，从行业风险等级、企业风险偏好和企业风险可接受水平三者均衡的视角，探索企业防范和应对行业营销风险的方法与模式，并构建了企业层面的行业营销风险预警体系，从而使企业在减小或消除行业风险可能带来损失的同时，又不会因盲目采取防范与应对措施而丧失风险中可能蕴藏的获利机会。

与以往的研究相比，由于充分考虑了不同企业对风险接受程度和处置方法的差异性，使得本书对于行业营销风险预警的研究具有更好的科学性和实效性，从而拓展了营销风险预警研究的思路，并能够在一定程度上弥补风险管理理论研究与企业实践相脱节的缺陷。

第 6 章

基于乘用车制造行业的模型检验

在本章中，笔者以我国乘用车制造行业为案例研究对象，将前文中构建的指标体系、评估与预警模型等理论研究成果，应用于该行业的营销风险评估和预警实践中。通过研究结论与实际状况的比较和分析，来验证本书理论研究的科学性和实用性。

相比其他行业，乘用车行业的产业集中度更高。上汽集团等 14 家乘用车制造行业上市公司的产销量占到全行业的92%，完全符合指数研究中对样本企业营业额应占该行业销售额 75% 以上的限定（徐国祥，2011）。因而，以乘用车上市公司的数据资料为研究样本，可以保证研究结论的科学性和有效性，这也是本书将乘用车制造业作为案例研究对象的主要原因。

需要说明的是，本章对于案例研究中的指标权重以及主观指标评估等工作均由本书组织的专家小组完成。专家组成员由 5 名对汽车行业有较为深刻认识的专业人员构成，包括 2 名高校营销专业副教授，以及 3 名来自汽车行业营销一线的管理人员，从而确保了研究结论的可靠性。

6.1 我国乘用车制造行业概况

按照中国汽车工业协会的分类标准，可将汽车分为乘用车和商用车两大类。其中，乘用车指主要用于载运乘客及其随身物品的汽车，包括轿车、多功能车（MPV）、越野车（SUV）以及九座以下的微型客车。

进入21世纪后，我国汽车产业发展迅速。但自2014年以来，受宏观经济的影响，我国乘用车市场需求疲软，加之企业间竞争加剧、零部件价格上涨等原因，使得企业营业收入和销售利润的增速出现了较大幅度的下降。据中国汽车工业协会等权威机构或门户网站发布的数据显示，2015年，我国乘用车销售2115万辆，虽然同比增长了7.3%，但增速却为2009年以来的最低水平。中汽协的统计数据显示，在2015年乘用车的细分市场中，轿车占有率下降了5.3%，为近10年来首次负增长；SUV增幅了52.4%，已占到乘用车市场份额的30%，同比提高了8.7个百分点。受益于SUV市场的高速增长，以长城、长安等为代表的中国汽车品牌实现快速增长，占有率达到了41.3%。

网易财经的相关调查表明，受益于1.6升购置税减半政策，1.6升及以下排量乘用车销售量同比增长了10.1%，高于乘用车整体增长的3.1个百分点；新能源汽车政策则促进了新能源汽车的高速增长。但是，在行业政策方面也出现了一些不利因素，北京、上海、天津、广州、深圳等城市的限购政策直接限制了消费者的购车需求，对乘用车销量的抑制作用非常明显。如果继续有城市实施汽车限购的话，将会对乘用车的发展产生非常大的负面影响。同时，国家相关部门因环保需要制定了更为严格的汽车排量和油耗标准，这对乘用车制造企业提出了更高的要求。此外，由于相关法规的滞后和行业监管不到位，使得我国汽车行业在产品质量、车辆保修以及生产商与经销商的账款结算和利润分配等方面的问题层出不穷。而以4S店为主的传统汽车销售模式也广受诟病，销售商退网事件已出现多次。这些问题损害了乘用车行业的社会信誉，降低了行业整体信用程度。

总体而言，由于经济环境、市场环境以及政策环境发生了深刻变化，使得近两年来我国汽车市场的竞争程度大大加强，行业整体经营成本上升，利润空间逐渐缩小，而且这种局面在短时期内难以打破。但与发达国家相比，我国汽车制造企业面临着核心技术缺乏、自主创新能力欠缺、规模效应不明显、单位经营成本过高等一系列问题，使其市场竞争的压力更大，所面临的各类行业风险也更为明显（楼丽虹，2013）。因而，以我国乘用车行业营销风险问题为案例研究对象，更具有典型性。

6.2 乘用车制造行业营销风险评价指标及其权重的确定

6.2.1 乘用车制造行业营销风险指标体系的构建

为了确保案例研究和模型检验结论的可信度，本书根据乘用车行业的基本特征，对第3章中的行业营销风险指标体系进行了少量调整，将一些更能够反映汽车行业特点的指标替换到评价体系中，确定了如表6－1所示的乘用车制造行业营销风险评价指标。

表6－1　　乘用车制造行业营销风险评价指标体系

维度层	要素层风险	主观指标	客观指标
行业环境风险	外部环境	相关政策不利变化	宏观经济景气指数
	行业自身	行业成长性、可进入性、依赖性	—
	技术创新	—	行业研发投入比例、新车改款周期
营销资源风险	行业市场	盈利机会	主营业务收入增长率、主营业务利润率
	行内企业	行业饱和程度、行业产品差异化程度	行业内企业绩效下降面、车辆质量投诉率
	营销渠道	渠道结构合理性、渠道控制力	渠道营运成本率
	物资供应	关键部件供应商、关键部件保障程度	关键部件价格增长率
运行保障风险	行业信用	商务信用	平均资产负债率、公众信任度
	行业监管	法规的完善程度、监管力度	—

6.2.2 指标权重的确定

权重是各层次指标对上一级目标的相对重要性，要使得评价结果客观真实，必须根据行业特点，科学地确定权重系数是关键环节之一。就目前来看，权重的确定多凭经验主观判断，主要的方法有AHP法、熵权法、因子分析法等（程启月，2010）。本书在层次分析法和德尔菲法的基础上，基于乘用车制造行业的基本特征，应用方根法确定该各评价指标权重，可以最大程度地减少主观因素的影响（Bruhn，2000）。同时，通过各指标绝对权重，还能够对指标体系的科学性进行检验。

6.2.2.1　方根法的基本原理与步骤

（1）构建判断矩阵。笔者邀请专家组成员对同一层元素下的因素进行重要性的两两比较，并运用德尔菲法建立各指标的模糊一致性判断矩阵。因素间重要性模糊判断标度如表6－2所示。

表6－2　因素间重要性模糊判断标度

标度	说明
1	两者同等重要
3	两者相比，前者稍微重要
5	两者相比，前者比较重要
7	两者相比，前者明显重要
9	两者相比，前者极端重要
2，4，6，8	中间取值

资料来源：陈衍泰：《综合评价方法分类及研究进展》，载于《管理科学学报》2004年第4期。

（2）确定局部优先序。判断矩阵确定以后，本书通过求解判断矩阵最大特征根λ_{max}来获得权重集$\{w_i\}$，这样可以最大限度地减少主观成分的影响。这一环节的计算步骤如下：

计算判断矩阵B每一行元素的乘积D_i：

$$D_i = \prod_{j=1}^{n} \beta_{ij}, i = 1, 2, \cdots, n \qquad (6-1)$$

计算D_i的n次方根：

$$\bar{W}_i = \sqrt[n]{D_i} \qquad (6-2)$$

对向量$\bar{W}_i = (\bar{W}_1, \bar{W}_2, \cdots, \bar{W}_n)^T$进行标准化处理，可得：

$$W = \bar{W}_i / \sum_{j=1}^{n} \bar{W}_i \qquad (6-3)$$

计算判断矩阵的最大特征根 λ_{max}：

$$\lambda_{max} = \sum_{i=1}^{n} \frac{(BW)_i}{nW_i} \tag{6-4}$$

（3）矩阵的一致性检验。在用德尔菲法获取指标的模糊一致性判断矩阵时，矩阵的质量很大程度上取决于专家在配对比较时的一致性。本书通过计算一致性比 CR 来判断矩阵的一致性，当 $CR<0.1$ 时，可以认为矩阵满意一致性检验要求，否则就需要调整判断矩阵，直到达到这一标准。可由下面的公式获得 CR：

$$CR = \frac{CI}{RI} \tag{6-5}$$

$$CI = \frac{\lambda_{max} - n}{n-1} \tag{6-6}$$

（4）绝对权重的计算。为了更清晰地分析最底层指标在总目标中的影响程度，还应利用这些优先序和重要程度求出绝对权重，即底层指标对于总目标的权重。设某底层指标的相对权重为 W_{ij}，其上层指标的相对权重分别为 W_A，W_B，W_C，…，则该指标的绝对权重 W'_{ij} 为：

$$W'_{ij} = W_A \times W_B \times \cdots \times W_{ij} \tag{6-7}$$

通过对指标绝对权重的计算与分析，能够进一步检验所选指标的科学性。若某一指标的绝对权重超过15%，则其应有下级指标；若某一指标的绝对权重低于1%，应考虑剔除该指标或重新赋权（陈衍泰，2004）。

6.2.2.2 确定指标相对权重

遵照方根法计算公式和要求，专家组构建了乘用车行业营销各层元素的模糊一致性判断矩阵，并进行了一致性检验。在此基础上，获取了各层元素的相对权重。本书以维度层为例，将相对权重的确定过程进行了说明。

（1）维度层相对权重。设行业营销风险指数 A 为目标层，维度层 B_1、B_2 和 B_3 的两两重要性判断矩阵为：

$$A = \begin{bmatrix} 1 & 1/1.5 & 1.1 \\ 1.5 & 1 & 1.6 \\ 1/1.1 & 1/1.6 & 1 \end{bmatrix}$$

由式（6-1）可得判断矩阵 A 下每一行元素的乘积 $D_A=(0.74, 2.4, 0.57)$；

由式（6－2）可得 D_i 的3次方根 $\bar{W}_A=(0.905, 1.339, 0.829)$；

由式（6－3）可得判断矩阵 A 的特征向量 $W_A=(0.313, 0.416, 0.271)^T$；

由式（6－4）~式（6－6）对判断矩阵的一致性进行检验，查一致性检验 RI 值可知 $RI=0.52$，则：

$$CI=\frac{\lambda_{max}-n}{n-1}=\frac{3.011-3}{3-1}=0.0055$$

$$\lambda_{max}=\frac{0.889}{3\times0.313}+\frac{1.319}{3\times0.416}+\frac{0.818}{3\times0.271}=3.011$$

$$CR=\frac{CI}{RI}=\frac{0.0055}{0.52}\approx0.0106<0.1$$

由以上分析可知，判断矩阵 A 满足一致性要求，所获取的矩阵特征向量 W_A 可以作为维度层 B_1、B_2 和 B_3 的相对权重使用。

同理，可获得其他元素的权重，具体如下：

（2）要素层相对权重。

C_1，C_2，C_3 的相对权重

判断矩阵		
	W_{B1}	$(0.491, 0.328, 0.181)$
$B1=\begin{bmatrix}1 & 2 & 3\\1/2 & 1 & 2\\1/3 & 1/2 & 1\end{bmatrix}$	λ_{max}	3.004
	CI	0.0198
	RI	0.52
	CR	$0.038<0.1$

C_4，C_5，C_6，C_7 的相对权重

判断矩阵		
	W_{B2}	$(0.368, 0.282, 0.202, 0.148)$
$B2=\begin{bmatrix}1 & 1 & 2 & 3\\1 & 1 & 1 & 2\\1/2 & 1 & 1 & 1\\1/3 & 1/2 & 1 & 1\end{bmatrix}$	λ_{max}	4.061
	CI	0.0207
	RI	0.9
	CR	$0.023<0.1$

C_8，C_9 的相对权重

判断矩阵	W_{B3}	(0.545, 0.455)
$B3=\begin{bmatrix}1 & 1.2\\ 1/1.2 & 1\end{bmatrix}$	λ_{max}	2.000
	CI	0
	RI	0
	CR	0 < 0.1

（3）指标层相对权重。

指标 C_{11}，C_{12} 的相对权重

判断矩阵	W_{C1}	(0.614, 0.386)
$C1=\begin{bmatrix}1 & 1.6\\ 1/1.6 & 1\end{bmatrix}$	λ_{max}	2.000
	CI	0
	RI	0
	CR	0 < 0.1

指标 C_{21}，C_{22}，C_{23} 的相对权重

判断矩阵	W_{C2}	(0.411, 0.301, 0.288)
$C2=\begin{bmatrix}1 & 1.8 & 2\\ 1/1.8 & 1 & 1.5\\ 1/2 & 1/1.5 & 1\end{bmatrix}$	λ_{max}	3.034
	CI	0.0172
	RI	0.52
	CR	0.033 < 0.1

指标 C_{31}，C_{32} 的相对权重

判断矩阵	W_{C3}	(0.565, 0.435)
$C3=\begin{bmatrix}1.3 & 1\\ 1 & 1/1.3\end{bmatrix}$	λ_{max}	2.000
	CI	0
	RI	0
	CR	0 < 0.1

指标 C_{41}，C_{42}，C_{43}的相对权重

判断矩阵	W_{C4}	(0.411, 0.288, 0.301)
$C4=\begin{bmatrix}1 & 1.5 & 1.3\\ 1/1.5 & 1 & 1\\ 1/1.3 & 1 & 1\end{bmatrix}$	λ_{max}	3.003
	CI	0.0016
	RI	0.52
	CR	0.003 <0.1

指标 C_{51}，C_{52}，C_{53}，C_{54}的相对权重

判断矩阵	W_{C5}	(0.357, 0.326, 0.194, 0.123)
$C5=\begin{bmatrix}1 & 1 & 2 & 3\\ 1 & 1 & 2 & 2\\ 1/2 & 1/2 & 1 & 2\\ 1/3 & 1/2 & 1/2 & 1\end{bmatrix}$	λ_{max}	4.123
	CI	0.0459
	RI	0.9
	CR	0.051 <0.1

指标 C_{61}，C_{62}，C_{63}的相对权重

判断矩阵	W_{C6}	(0.379, 0.325, 0.296)
$C6=\begin{bmatrix}1 & 1.6 & 1.5\\ 1/1.6 & 1 & 1.2\\ 1/1.5 & 1/1.2 & 1\end{bmatrix}$	λ_{max}	3.048
	CI	0.0239
	RI	0.52
	CR	0.046 <0.1

指标 C_{71}，C_{72}，C_{73}的相对权重

判断矩阵	W_{C7}	(0.445, 0.306, 0.249)
$C7=\begin{bmatrix}1 & 1.3 & 2\\ 1/1.3 & 1 & 1.1\\ 1/2 & 1/1.1 & 1\end{bmatrix}$	λ_{max}	3.052
	CI	0.0265
	RI	0.52
	CR	0.051 <0.1

指标 C_{81}，C_{82}，C_{83}相对权重的确定

判断矩阵	W_{C8}	(0.347, 0.432, 0.221)
$C8=\begin{bmatrix} 1 & 1/1.2 & 1.5 \\ 1.2 & 1 & 2 \\ 1/1.5 & 1/2 & 1 \end{bmatrix}$	λ_{max}	3.002
	CI	0.0099
	RI	0.52
	CR	0.019 <0.1

指标 C_{91}，C_{92}的相对权重

判断矩阵	W_{C9}	(0.582, 0.418)
$C9=\begin{bmatrix} 1.4 & 1 \\ 1 & 1/1.4 \end{bmatrix}$	λ_{max}	2.000
	CI	0
	RI	0
	CR	0 <0.1

需要指出的是，本书所确定的指标权重更多地考虑了乘用车制造行业的特征。由于行业间的差异性，各指标在不同行业的重要性也有所差别。在实践中，应根据不同行业的特性对指标权重进行调整，以确保最终风险指数评估结果的科学性和实效性。

6.2.2.3 评价指标的绝对权重

本书运用式（6－7）计算指标的绝对权重，不但能更清晰地反映25个指标在行业营销风险总目标中的影响程度，还能够进一步检验所选指标的科学性。经过计算，所有指标的绝对权重均低于15%，高于1%，符合方根法关于指标选择和赋权的标准。

各指标的绝对权重具体如下，用%表示单位：

$W'_{B1}=(9.1, 5.2, 5.6, 3.1, 2.6, 3.2, 2.5)^T$

$W'_{B2}=(6.3, 4.4, 4.5, 4.2, 3.8, 2.3, 1.5, 3.2, 2.7, 2.5, 2.7, 1.9, 1.5)$

$W'_{B3}=(5.2, 6.3, 3.2, 7.2, 5.2)^T$

通过图6－1可以看到，在行业营销风险九个构成要素中，外部环境风险（宏观经济与行业政策）、行业市场风险、行业信用风险三个风险要素在乘用车行业营销总风险中所占的比重均在15%左右，是行业营销风险

的主要来源。因而，这些风险要素在实际工作中需要重点监测和防范。

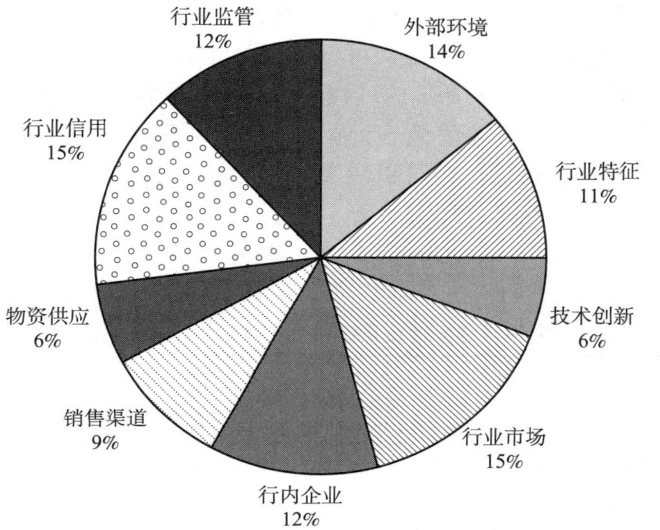

图6-1　行业营销风险要素层绝对权重结构

6.3　基于乘用车制造行业的评估与预警模型检验

在本节中，笔者基于前文中构建的指标体系、评估模型和预警方法等理论的研究成果，对我国乘用车制造行业2015年1~6月的营销风险状况进行评估与预警分析。通过与实际情况的比较，来检验评估和预警模型是否能够客观地反映乘用车行业营销风险的真实状况，以验证本书理论研究的科学性和实用性。研究所需资料和数据主要源于中国汽车工业协会、上市公司财务报表以及中国经济网等权威机构或知名门户网站。对于信息资料不足之处，则由专家组通过集体讨论补充。

6.3.1　乘用车行业营销风险指数评估

6.3.1.1　主观指标风险值的评估

（1）主观指标的专家赋值。本书对行业营销风险体系中的主观指标采用专家模糊评价的方式进行评估。专家组成员依据行业研究报告等相关资料以及其知识积累和经验，对表 6－1 中的主观指标进行赋值评分。每个指标的评分值在［0，100］之间，分值越高，则表示风险越大。

由第 4 章中盲数的相关定义可知，由于主观指标的模糊性和不确定性，专家在对其进行赋值评价的过程中，对于那些信息资料较为充分且把握性较大的指标，可直接赋予一个精确的分数；而对于信息资料不够充分或把握程度不高的指标，则可以用某个分数区间进行赋值。基于以上认识，评估组的 5 位专家（用 E_1，E_2，…，E_5 表示）对主观指标的评分结果如表 6－3 所示。

表 6－3　　乘用车制造行业营销风险主观指标专家评分

维度	指标层	专家个人评分					专家组评估值
		E_1	E_2	E_3	E_4	E_5	
行业环境风险 B_1	相关政策不利变化 C_{12}	51	[50, 55]	52	[50, 55]	50	53
	行业成长性 C_{21}	60	[60, 65]	64	68	65	65
	行业可进入性 C_{22}	28	22	[22, 25]	23	25	25
	行业依赖性 C_{23}	[50, 55]	50	55	[45, 55]	50	52
营销资源风险 B_2	盈利机会 C_{41}	85	85	[80, 90]	83	86	85
	行业饱和程度 C_{51}	[75, 81]	75	80	[77, 83]	73	77
	行业产品差异化程度 C_{53}	75	[65, 75]	72	75	[70, 80]	74
	渠道结构合理性 C_{62}	88	92	[85, 95]	86	90	89
	渠道控制力 C_{63}	60	63	67	[60, 65]	60	63
	关键部件供应商 C_{71}	[60, 70]	66	65	65	68	66
	关键部件保障程度 C_{73}	50	[45, 55]	48	[44, 50]	50	49
运行保障风险 B_3	商务信用 C_{82}	66	[65, 75]	68	70	[60, 70]	67
	法规的完善程度 C_{91}	67	66	73	[65, 75]	68	69
	监管力度 C_{92}	[60, 65]	60	58	55	[60, 65]	60

对于盲数分值区间，可用式（4－30）求出精确值。例如，专家 E_4 对于指标 C_{12} 的精确值为：（20＋30）÷2＝25。由于这一计算过程比较简单，就不在文中一一列出了。

（2）专家评分的一致性检验。本书用肯德尔和谐系数对表 6－3 中专家个人评分的一致性进行了检验。具体过程如下：首先，将专家的原始评分按分值大小进行升序或降序排列，这一过程称为等级转化。若评分中有相同的分数，转化时则用其所占位次之和求平均；若评分中有两个并列第3名的分值，转化后的等级各记为3.5，依此类推（卢晓旭，2010）。在此基础上，用SPSS19.0软件对转化后的等级数据进行检验，如果检验结果不显著（大于0.01），则返回，重新评分，直到显著性概率小于0.01为止。

如表6－4所示，五位专家评分的显著性概率为0.006，小于肯德尔和谐系数检验要求的0.01。由此可认定，表6－3中的专家个人评分具有显著的一致性，能够较为客观地反映乘用车制造行业营销风险的实际情况。

表6－4　　专家个人评分肯德尔和谐系数检验统计

检验项目	检验值
评分者数量（N）	5
肯德尔和谐系数（Kendall's Wa）	0.835
x^2 值（Chi-square）	66.9
自由度（df）	14
显著性概率（Asymp Sig.）	0.006

（3）用基数建模法确定专家可信度。为了将专家不同的知识结构、资历以及对测评问题的把握程度体现在主观指标的评价过程中，本书基于4.3.2节中的相关研究内容，选择基数建模法来确定五位专家的可信度。基数建模法的核心思想是专家个体与专家组评价意见的一致性程度越高，则专家个体可信度越大。一致性程度可通过专家个体评价意见与专家组群体评价意见的分值偏差和排序偏差进行量化。本书用表6－3所示的主观指标评分值作为确定专家可信度的依据。具体计算过程如下：

由式（4－34）可求得5位专家的分值偏差为：

$$\varphi_i = (0.12,\ 0.07,\ 0.11,\ 0.08,\ 0.18)$$

由式（4－35）可求得5位专家的排序偏差为：

$$\phi_i=(0.18, 0.08, 0.14, 0.08, 0.21)$$

对分值偏差的正则化处理：

$$P_{1i}=1-\varphi_i=(0.88, 0.93, 0.89, 0.92, 0.82)$$

对排序偏差的正则化处理：$P_{2i}=1-\phi_i=(0.82, 0.92, 0.86, 0.92, 0.79)$

由式（4－36）$P_i=\alpha P_{1i}+\beta P_{2i}$，可令 $\alpha=\beta=0.5$，则专家个人可信度为：

$$P_i=(0.85, 0.93, 0.88, 0.92, 0.81)$$

由式（4－33）可得五位专家的综合可信度分别为：

$$E_{Ai}=(0.19, 0.22, 0.2, 0.21, 0.18)$$

由此可见，5 位专家中可信度最高的是 E_2。

（4）用盲数求得主观指标专家组综合评估值。由第 4 章中盲数均值的计算方法可获取各主观指标的专家组综合评估值。在此，本书以指标 C_{12} 为例，对这一过程进行演示。设 x_1，x_2，…，x_5 为 5 位专家对指标 C_{12} 的个人评分（如表 6－3 所示），$u(C_{12})$ 为该指标专家个人评分的盲数，则由式（4－37）可得：

$$u(C_{12})\begin{cases}0.19, & x_1=30\\ 0.22, & x_2=25\\ 0.20, & x_3=28\\ 0.21, & x_4=[20, 30]\\ 0.18, & x_5=27\end{cases}$$

由式（4－38）可得到指标 C_{12} 的专家组综合评估值 $E(u(C_{12}))$ 为：

$$E(u(C_{12}))=30\times0.19+25\times0.22+28\times0.2+25\times0.21+27\times0.18=27$$

同理，可得到其他主观风险指标的专家组综合评估值，如表 6－3 所示。

（5）确定主观指标风险测量值。为了使客观指标和主观指标能够进行统一地运算，需将主观指标专家组综合评估值代入式（4－39）~式（4－42），以获得主观指标隶属度关系矩阵。然后用式（4－44）获得主观指标风险测量值。矩阵运算过程如下：

$$\begin{bmatrix} 0 & 0 & 1 & 1 & 0 \\ 0 & 0.58 & 0.42 & 0 & 0 \\ 0 & 0 & 0 & 1 & 0 \\ 0 & 0 & 1 & 0 & 0 \\ 0 & 1 & 0 & 0 & 0 \\ 0 & 1 & 0 & 0 & 0 \\ 0 & 1 & 0 & 0 & 0 \\ 0 & 0.27 & 0.73 & 0 & 0 \\ 0 & 0.43 & 0.57 & 0 & 0 \\ 0 & 0.64 & 0.36 & 0 & 0 \\ 0 & 0 & 1 & 0 & 0 \\ 0 & 0.51 & 0.49 & 0 & 0 \\ 0 & 0.86 & 0.14 & 0 & 0 \\ 0 & 0.21 & 0.79 & 0 & 0 \end{bmatrix} \times \begin{bmatrix} 100 \\ 80 \\ 60 \\ 40 \\ 20 \end{bmatrix} = \begin{bmatrix} 60 \\ 72 \\ 40 \\ 60 \\ 80 \\ 80 \\ 80 \\ 63 \\ 69 \\ 73 \\ 60 \\ 71 \\ 77 \\ 64 \end{bmatrix}$$

通过以上计算，本书将主观指标专家组综合评估值经过隶属度关系矩阵转化为风险测量值，从而使客观指标和主观指标具有可比性和一致性，为行业营销风险综合指数的合成奠定基础。但需要指出的是，若对个体指标风险的变化趋势进行监测，专家组综合评估值比经过隶属度转化后获得的指标风险测量值更有意义。

6.3.1.2　客观指标风险值的计算

（1）客观指标监测值的确定。如前文所述，上汽集团、一汽轿车、东风汽车等 14 家上市公司的产销量占我国乘用车制造行业的 92%，符合指数研究中对样本企业的要求，能够确保研究结论的科学性和有效性。因此，本书以这 14 家上市公司 2015 年上半年的财务数据为样本，如表 6－5 所示，对指标体系中的主营业务收入增长率、主营业务利润率、企业绩效下降面、渠道营运成本率和资产负债率 5 个客观指标，通过计算以上企业相关数据的平均值获取。其中，企业绩效下降面 = 利润下降企业数/评估企业总数，渠道营运成本率 = 销售费用/主营业务收入。

表 6-5　我国 14 家汽车乘用车制造业上市公司 2015 年财务数据统计情况

企业名称	主营业务收入（万元）	主营业务增长率（%）	主营业务利润（万元）	主营业务利润率（%）	主营业务利润增长率（%）	销售费用（万元）	资产负债率（%）
上汽集团	46984084	0.28	5136212	10.06	4.40	1999878	56.37
长城汽车	5260410	23.52	1183128	22.40	12.35	179698	48.75
比亚迪	4849357	20.01	771952	2.18	19.11	173837	69.42
长安汽车	4810796	30.90	650782	13.53	24.14	332826	62.12
江淮汽车	3392431	34.82	354891	10.46	8.96	199287	75.01
福田汽车	2553852	-0.21	299670	11.73	-5.51	147735	54.99
一汽轿车	1914054	-22	304375	15.9	-29.17	188932	51.58
广汽集团	1895381	21.16	177952	9.39	11.19	112893	39.31
江铃汽车	1696621	-6.24	373105	21.99	-3.92	96143	39.45
东风汽车	1153433	-11.23	161051	13.96	1.22	75928	59.84
海马汽车	786368	-7.14	92905	11.81	2.35	19305	34.94
力帆股份	780489	8.08	130855	16.77	-1.21	47103	72.36
金杯汽车	332513	-13.17	53292	16.03	-11.66	8834	92.95
天津夏利	265935	18.60	-2401	-9.07	-5.20	26445	89.83
小计	76675784	6.96	9690146	11.94	5.03	3608844	60.5

资料来源：乘用车制造业上市公司 2015 年财务年报。

对于其他客观指标的监测数据则主要源于相关的研究报告，有些不全的资料信息由专家组估计补充。具体数据来源包括以下几个方面。

第一，宏观经济景气指数采用国家统计局发布的中国经济综合指数。

第二，行业研发投入比例与产品周期采用中国汽车工业协会和搜狐网站发布的 2015 年汽车行业运行报告中的相关数据。其中，产品周期是指新车型上市后到第一次车型改款的平均时间。

第三，车辆质量投诉率通过计算每万辆车的投诉件数来获取该指标的监测值。所用数据来源于中国汽车质量网发布的 2015 年乘用车质量投诉件数（39108），以及中国汽车工业协会发布的 2015 年我国乘用车的保有量（10184 万辆）。

第四，关键部件价格增长率：鉴于乘用车制造企业采购物资以零部件为主，本书以汽车零部件中最重要的发动机、变速箱和电子设备的价格变化情况作为参考，由评估组估算出 2015 年价格的涨幅为 8%。但由于受研究条件所限，可能存在一定的偏差。在实际工作中，通过行业监管部门与企业的合作，可获取更为准确的数据。

第五，公众信任度：本书对于该项指标的监测采用爱德曼研究集团发布的中国信任度调查报告中的相关数据。2015 年国内汽车生产企业的公众信任度为 0.71。

通过对相关数据的采集与计算，形成了如表 6－6 中所示的客观指标风险监测值，表中涉及的指标增长率以 2014 年同期数据为期初值，通过同比计算而来。

表 6－6　　乘用车制造行业 2015 年客观指标风险监测值

指标	监测值	指标	监测值
宏观经济景气指数	4.34	车辆质量投诉率（万量）	3.84
行业研发投入比例	3.63%	渠道营运成本率	5.71%
新车改款周期	1.6 年	关键零部件价格增长率	8%
主营业务收入增长率	6.96%	平均资产负债率	60.5%
主营业务利润率	11.94%	公众信任度	0.71
行内企业绩效下降面	43%		

（2）客观指标风险测量值。在获取了客观指标数据监测值之后，便可用客观指标隶属度转化式（4－12）~式（4－21），参考表 4－1 中的客观指标分界值，求得客观指标隶属度关系矩阵，然后采用式（4－25）计算出客观指标风险测量值。

$$\begin{bmatrix} 0 & 0.68 & 0.32 & 0 & 0 \\ 0 & 0 & 1 & 0 & 0 \\ 0 & 0 & 1 & 0 & 0 \\ 0 & 0 & 0.1 & 0.9 & 0 \\ 0 & 0 & 1 & 0 & 0 \\ 0 & 1 & 0 & 0 & 0 \\ 0 & 0 & 0.84 & 0.16 & 0 \\ 0 & 0.42 & 0.58 & 0 & 0 \\ 0 & 0 & 0.2 & 0.8 & 0 \\ 0.1 & 0.9 & 0 & 0 & 0 \\ 0 & 0 & 0.9 & 0.1 & 0 \end{bmatrix} \times \begin{bmatrix} 100 \\ 80 \\ 60 \\ 40 \\ 20 \end{bmatrix} = \begin{bmatrix} 74 \\ 60 \\ 60 \\ 42 \\ 60 \\ 80 \\ 57 \\ 70 \\ 45 \\ 82 \\ 58 \end{bmatrix}$$

如前文所述，在这一过程中，本书通过分级隶属度函数可以将主观指标与客观指标的风险测量值置于一个分析框架中，弥补了传统指数合成方法中因指标风险值来源不一致而产生偏差的缺陷，确保了最终获得的乘用车行业营销风险综合指数具有科学性和一致性。

6.3.1.3 营销风险综合指数的合成

通过以上步骤，确定了行业营销风险评价指标风险测量值后，本书按照风险指数合成式（4－45）、式（4－46），计算出乘用车制造行业营销风险综合指数。

设乘用车制造行业营销风险综合指数为 $R(S)$，则：

$$R(S) = \sum_{k=1}^{p} w_k R(Y_k) = \sum_{k=1}^{p}\sum_{j=1}^{n}\sum_{i=1}^{m} \alpha_i \beta_j w_k R(x_i) \qquad (6-8)$$

其中，$R(X_j)$ 为评价指标风险测量值，α_i 为评价指标 x_i 的相对权重，m 为评价指标的个数；β_j 和 n 分别代表各要素的相对权重和要素数量；w_k 和 p 分别为各维度层的相对权重和维度层数量。

将前文计算出的指标风险测量值和各层元素相对权重代入式（6－8），便得出如表 6－7 所示的乘用车制造行业营销风险综合指数以及各层级指数。

表 6－7　乘用车制造行业营销风险指数统计

目标层	维度层	要素层
营销风险综合指数：71	行业环境风险：71	外部环境风险（C_1）：74
		行业自身风险（C_2）：59
		技术创新风险（C_3）：60
	营销资源风险：69	行业市场风险（C_4）：64
		行业内企业风险（C_5）：78
		营销渠道风险（C_6）：68
		物资供应风险（C_7）：62
	运行保障风险：73	行业信用风险（C_8）：73
		行业监管风险（C_9）：72

6.3.2　乘用车制造行业营销风险预警

在6.3.1中，笔者采用FA－BD评估模型获取的乘用车行业综合风险指数为71。根据表5－2所示的行业营销风险等级指数区间可知，目前的乘用车行业总体营销风险较大，属于大险级别（二级风险），对企业营销活动会产生较大的不利影响。根据表6－7中的要素层风险指数，绘制了乘用车制造行业营销风险指数预警图，如图6－2所示。

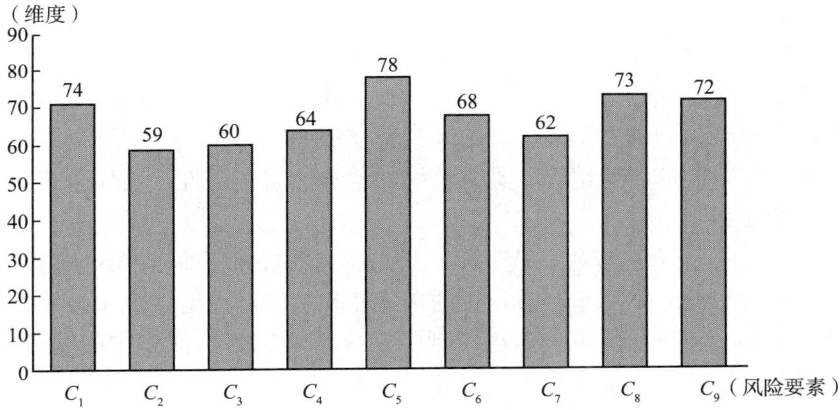

图6－2　乘用车制造行业营销风险指数预警图

按照评估指数和行业营销风险等级标准，可将图6－2中的C_1～$C_9$9个关键风险要素分别列入预警等级中的大险和中险中。

列入“大险”等级的风险要素包括外部环境风险（C_1）、行业内企业风险（C_5）、营销渠道风险（C_6）、行业信用风险（C_8）以及行业监管风险（C_9）5个风险要素，表明这些领域的风险程度已经达到较高水平，一旦形成营销事故，将会给企业带来重大损失。对此，各乘用车制造企业需要重点监测这些风险的变化趋势，重点整顿企业营销系统中的薄弱环节，提升抵御此类的风险能力，必要时应暂停或放弃已受到影响的营销活动或营销项目，以降低由此带来的损失。

列入“中险”等级的风险要素包括行业自身风险（C_2）、技术创新风险（C_3）、行业市场风险（C_4）以及物资供应风险（C_7）4个风险要素，表明这些风险要素所代表的行业营销子系统处于低度风险状态，对大多数企业来说，主要是做好这些领域的日常检查和监测工作，密切关注这些风险要素的变化情况，针对自身的薄弱环节，做好防范和应对工作，力争减少或消除此类风险给企业营销活动带来的不利影响。

风险指数预警图更为清晰地展示了乘用车制造行业营销风险的来源和细分状态，可以帮助企业有针对性地采取应对措施。同时，也有利于本书将行业现实状况与理论研究结果进行比较，从而更为直观地检验评估模型的实效性。

6.3.3 风险评估与预警研究的实效性检验

在获取了乘用车制造行业营销风险指数并由此确定了风险预警等级后，本书通过行业环境、营销资源、运行保障三个维度的实际状况与研究结论的比较，认为前文构建的评估和预警模型能够客观、全面地反映乘用车行业营销风险的实际情况，具有较好的科学性与实用性。具体分析包括以下几个方面。

第一，行业环境风险。2014 年以来，受宏观经济不景气和市场需求下降等因素的影响，乘用车制造行业的销售额和销售利润增速也出现了较大幅度的下降。在行业政策方面也出现了一些不利因素，如城市限购政策，以及更为严格的汽车排量和油耗等环保标准都对乘用车企业产生了不利影响。本书获取的行业环境及其构成要素的风险指数清晰地反映出宏观经济和相关政策是行业环境风险的主要来源，与实际状况一致。由此可以认为，本书对行业环境风险的评估与预警，能够客观、真实地反映乘用车制造行业发展环境中存在的风险状况。

第二，营销资源风险。近年来，我国很多乘用车生产企业由于受市场需求、竞争加剧、零部件价格等因素的影响，加之广受诟病的 4S 店销售模式给营销渠道带来的不利局面，致使其经营收入和利润出现了较大下降。而本书所测算的营销资源风险指数为 69，属于大险级别；在其构成要素中，行内企业和营销渠道的风险测量值分别为 78 和 68，由此可见，这两个要素是营销资源风险的主要来源，与实际状况一致。因而，可以认为，本书对乘用车制造行业营销资源指数的评估，较为客观地反映了实践中存在的风险问题，具有较好的科学性和实效性。

第三，运行保障风险。由于行业法规还有待完善以及行业潜规则等不利因素的影响，导致乘用车制造行业在产品质量、车辆保修以及销售渠道建设等方面存在较多问题，从而损害了行业整体信用。而本书获取的运行保障风险指数为73，行业信用和行业监管的风险测量值分别为73和72，三项数值均达到了预警等级中的大险水平，与实际状况基本吻合。通过现实状况与研究结论的比较可知，本书对于运行保障及其下属要素的评估指数，客观地反映了乘用车制造行业营销系统运行保障中存在的风险问题，具有较好的科学性和实效性。

6.4 乘用车制造行业营销风险接受水平的确定

由于企业个体的差异性，使得行业营销风险对企业造成的影响程度也不相同，因而在获取了行业营销风险指数后，并不意味着企业可以据此直接采取应对措施。基于以上分析，本书通过构建乘用车制造行业风险判断矩阵，明确不同风险偏好企业对当前行业营销风险的可接受程度，并提出相匹配的应对策略。在此基础上，选择典型企业进行重点分析，来检验相关理论研究的实效性。

6.4.1 乘用车制造行业营销风险可接受区域程度矩阵的构建

为了使检验过程和检验结论更为简明清晰，基于第5章中的相关研究内容，将乘用车制造行业的14家上市企业的风险偏好分为风险厌恶型、风险中立型和风险追求型三个类别。在此基础上，构建了如表6-8所示的乘用车制造行业风险可接受区域判断矩阵，为不同风险偏好企业判断行业营销风险的可接受程度奠定基础。

表6-8 乘用车制造行业营销风险可接受程度判断矩阵

风险偏好类型	绝对风险区（一级）	不可接受区（二级）	不期望区（三级）	可接受区（四级）	可忽略区（五级）
风险厌恶型	71~100	36~70	16~35	6~15	1~5
风险中立型	85~100	65~84	31~64	11~30	1~10
风险追求型	91~100	75~90	36~75	21~35	1~20

不同风险偏好的企业对行业营销风险的接受程度和应对措施是有差异的。在前文研究的基础上，本书根据乘用车制造行业的具体情况，针对三类不同风险偏好企业的预警与应对展开探讨。

第一，对于风险厌恶型乘用车制造企业而言，测算期内的行业营销风险属于绝对风险区，危害极大，会给企业带来重大损失，甚至威胁企业的生存。对此，企业首先要判断当前风险对企业的影响程度，以确定是否放弃或改变营销战略。若企业已产生了巨大损失，应尽快进入危机管理，制订危机处理方案，避免损失进一步扩大，并积极寻求政府部门，以及银行、保险公司等相关企业的帮助和支持。

第二，对风险中立型乘用车制造企业而言，测算期内的行业营销风险属于不可接受区，往往会使得企业营销目标难以实现。但企业如能准确地判断当前风险对自身的危害程度和领域，实施有效的应对措施，补救已经出现的营销事故并切断其连锁反应链，就可以减小当前行业营销风险给企业带来的损失。在当前的市场环境中，此类乘用车制造企业应将主要精力投入到车辆核心技术研发和产品质量提升上，通过加大新车型的研发力度，丰富产品结构，增强产品差异化的程度，力争在品牌建设、核心技术、款式设计等方面形成自己的特色和口碑，而不应再过于单纯地追求市场占有率。

第三，对风险追求型乘用车制造企业而言，测算期内的行业营销风险属于不期望区，威胁程度中等。一般情况下，对企业营销系统和营销目标不会产生重大影响。因而，此类企业无须对营销战略或营销项目进行调整，应利用积极的销售模式进行创新，通过网络平台实现企业生产与客户需求的实时对接，将客户需求贯彻到汽车设计、开发、售后等流程中。条件成熟的企业，还可以尝试推进汽车销售的电子商务，以改变饱受诟病的4S店销售模式，并大力加强品牌建设，在确保国内市场销量的同时，积极扩展亚洲、非洲以及南美洲等海外市场。但应加强对市场环境中风险隐患的监测，采取有效的防范措施以减少其对企业营销活动的影响。

6.4.2 基于企业风险偏好的行业营销风险可接受水平确定

在理论研究中，由于受研究条件和数据资料所限，难以准确地确定企业风险偏好。对此，本书将通过分析企业的抗风险能力来确定其风险偏好。在已有研究中，学者们用企业在其行业内的相对地位来判断企业的抗风险能力，而企业的相对地位可以按企业规模、营业收入或销售利润等指标的排名来确定（邱国栋等，2013）。一般来说，企业相对地位越低，其抗风险能力就越差（肖兴志，2014）。基于以上分析，本书综合考虑了企业主营业务收入和销售利润（如表 6 – 5 中所示），将乘用车制造行业的 14 家上市公司的相对地位分为高、中、低三个层次，并以此为依据，确定了各企业的风险偏好。具体结果如下。

第一，风险追求型。包括上汽集团、长城汽车、比亚迪和长安汽车 4 家企业。对这些企业而言，测算期内的行业营销风险属于不期望区，威胁程度中等，一般情况下，对企业营销系统和营销目标不会产生重大的影响。

第二，风险中立型。包括江淮汽车、福田汽车、一汽轿车、广汽集团、江铃汽车、东风汽车、海马汽车以及力帆股份 8 家企业。对以上 8 家企业来说，测算期内的行业营销风险属于不可接受区，会导致企业营销目标难以实现。但如果企业能够采取有效的应对措施，就可以减少给企业带来的损失和影响。

第三，风险厌恶型。由于金杯汽车的主营业务和销售利润均出现了较大幅度的下降，而天津夏利长期处于亏损状态。因此，本书将这两家企业列为风险厌恶型。对其而言，测算期内的行业营销风险属于绝对风险区，危害极大，会给企业带来重大损失，甚至威胁企业的生存。

需要指出的是，本节对于乘用车制造行业上市公司风险偏好的划分是在资料有限的情况下确定的，可能与各企业的实际状况不完全相符。在实践中，企业可以根据自己的抗风险能力、经营传统、战略目标等因素来确定风险偏好，进而通过判断矩阵明确行业营销风险对自身的影响程度。

6.4.3　基于典型企业的实效性检验

本书在 14 家上市公司中，选择主营业务收入排名第一的上汽集团代表追求型企业、排名第七的一汽轿车代表风险中立型企业、排名第十四的天津夏利代表风险厌恶型企业。依据相关的历史资料和数据，对这三家企业所面临的营销风险状况进行简要分析，以检验本书对于乘用车制造企业风险可接受水平划分的可行性和科学性。

第一，上汽集团。上汽集团是我国最大的乘用车制造企业，旗下品牌包括上汽大众、上汽通用、上汽通用五菱、南京依维柯等。近年来，虽然受到国内汽车市场增速放缓的影响，但由于上汽集团旗下的宝骏、五菱以及合资品牌均推出了具有较强竞争力的产品，使得上汽集团2015年上半年累计销量达到286万辆，与2014年同期基本持平，市场占有率达到了23.4%，同比提升了0.4个百分点，净利润占到了同期整个行业利润的41%。[①] 由以上分析可知，测算期内的行业营销对上汽集团的威胁程度有限，难以对该企业的营销系统和营销目标产生重大影响。但考虑目前汽车市场的整体环境，本书将测算期内的行业营销风险列入上汽集团的不期望区（三级风险）是合适的。

第二，一汽轿车。一汽轿车为一汽集团发展乘用车的骨干上市企业，现有红旗、奔腾、欧朗和马自达等乘用车产品系列。由于一汽轿车近年缺乏具有竞争力车型，使得一汽集团产品的综合实力难以适应快速提升的消费需求。因而，面对激烈的市场竞争局面，一汽轿车销售同比下降了19.1%，营业收入下跌了36%，营业利润下降了29%。[②] 由以上分析可知，测算期内的行业营销已极大地影响了一汽轿车的发展，但考虑到一汽集团的国企背景、技术积累以及销售网络等优势因素，如果能采取有效的应对措施，就可能改变当前的困局，减小损失。因而，本书将测算期内的行业营销风险列入一汽轿车的不可接受区（二级风险）是可行的。

第三，天津夏利。天津一汽夏利汽车股份有限公司以生产经济型家用轿车为主，拥有夏利、威姿、威志、骏派等汽车品牌。天津夏利在一汽集团内部长期被定位为经济型轿车基地，产品以中低端车型为主，这使得其无法发展更多产品线，逐步与市场需求脱轨。2013年和2014年分别亏损4.79亿元和16.59亿元。进入2015年，随着汽车消费市场的疲软和竞争程度的加强，尽管夏利使尽浑身解数以期望转型摆脱困境，但收效甚微。2015年上半年，天津夏利亏损已达8.53亿元，累计销售量较上年同期下降了9%，其中主力车型夏利系列销售量同比下降了54.5%。[③] 由以上分析可知，测算期内的行业营销已给天津夏利带来重大损失，甚至威胁到企业的生存，但只依靠其自身力量是很难摆脱目前困局的。因而，本书将测算期内的行业营销风险列入天津夏利的绝对风险区（一级风险）是具有科学性和实效性的。

① 基于‘上市车企2015年上半年业绩报告”计算而得。
② 基于《一汽轿车2015上半年业绩报告》计算而得。
③ 基于《天津夏利2015上半年业绩报告》计算而得。

6.5 基于案例检验的讨论

在本章中，笔者选择我国乘用车制造行业作为案例研究对象，将前文中构建的指标体系、评估模型和预警方法等理论研究成果应用到该行业的营销风险评估和预警中。通过对研究结论与实际状况的比较与分析可知，所获取的风险指数、预警等级等结论客观地反映了我国乘用车制造行业2014～2015年营销风险的实际状况。在此基础上，通过构建乘用车制造行业风险判断矩阵，明确了不同风险偏好企业对当前行业营销风险的可接受程度，并选择了典型企业进行实效性分析，验证了本书中对于行业营销风险可接受水平划分的科学性和实用性。

通过本章的案例研究，对本书的研究过程和研究结论有了以下更为深入的认识。

第一，本书运用扎根理论对行业营销风险的内涵、来源与构成等基础理论进行探索性研究，初步构建起了行业营销风险影响因素模型和评价指标体系，较为充分地体现出行业营销风险的内在特征，具有较强的科学性和可操作性。

第二，在本书所构建的FA－BD指数评估模型中，用分级隶属度函数和盲数分别对客观指标和主观指标的风险值进行了测量，并通过引入专家综合可信度的概念，解决了评价者主观模糊性问题，可以有效地减小因计算方法、人为因素而产生的误差，从而提升了评估结果的科学性和精确性。

第三，基于ALARP原理，通过构建风险可接受区域判断矩阵，从行业风险等级、企业风险偏好和企业风险可接受水平三者均衡的视角，探索出了企业防范和应对行业营销风险的方法与模式，充分考虑了不同企业对风险接受程度和处置方法的差异性，一定程度上弥补了风险管理理论研究与企业实践相脱节的缺陷。

尽管本书对于行业营销风险的研究收获了一些有价值的结论，但由于笔者自身能力以及研究条件的限制，其中仍有不足之处：（1）本书在应用扎根理论对行业营销风险基础理论进行探索性研究的过程中，由于偏重于行业风险的全面性和综合性，因而所选择的访谈对象主要来自制造行业。由此，可能会造成研究结论对于行业间的差异性考虑不够充分。（2）由于本书研究重点以及笔者专业所限，对于宏观性的行业营销风险防范与应对、行业营销风险的传导路径以及企业风险可承受能力等问题的研究不够系统和深入。（3）受研究条件制约，本书很难获取大规模的风险数据。因而，对于一些由数据推导出的研究结论更适合于乘用车制造行业，而对于其他行业来说可能存在一定的偏差。

6.6 本章小结

在本章中，笔者选择我国乘用车制造行业为案例研究样本，在应用方根法确定指标权重后，将前文中构建的指标体系、评估模型和预警方法等理论研究成果应用到该行业的营销风险评估和预警中。通过研究结论与行业实践的比较可以看到，所获取的风险指数、预警等级等结论客观地反映了该行业营销风险的实际状况。在此基础上，通过构建乘用车制造行业风险判断矩阵，明确了我国乘用车制造业上市公司对当前行业营销风险的可接受程度，并选择典型企业进行重点分析，进一步验证了本书对于行业营销风险可接受水平划分的可行性。

第 7 章

行业营销风险传导与应对

基于前文的研究结论，结合我国经济发展过程中的实际状况，本章将对行业营销风险的基本特征、传导机制和应对措施等问题展开讨论。

7.1 行业营销风险的传导与形成

7.1.1 行业营销风险传导的基本特征

综合本书前文中的研究结论，可以看到，行业营销风险是由于各种事先无法预料的不确定因素，使得行业营销系统无法正常运行，进而造成行业内企业营销的实际收益与预期收益发生偏差，从而有蒙受损失的可能性。行业营销风险在其产生和传导的过程中往往表现出以下特征。

第一，客观存在性。行业营销风险在企业外部环境中几乎是无处不在、无时不在，它贯穿于营销活动的每一个环节。企业进行的任何一项业务活动，以及竞争者、供应商、宏观经济、科技进步等外部环境中的任何一个变化都可能引发营销风险，对企业来说这是客观存在的，具有普遍性。人们可以认识和掌握营销风险的发展变化规律，通过积极地采取措施来预防风险事故，降低营销风险事故发生的概率，减少损失程度，但不可能完全消除行业营销风险（Gerhard，2012）。

第二，不确定性。企业营销活动不但受到企业自身的营销资源、管理能力和员工行为等诸多内部因素的影响，更为重要的是，也可以因宏观环境中的经济、法律、科技、自然等以及市场环境中的顾客、竞争对手等外部不可控因素的变化，而引起各类不确定风险，而这些风险往往相互关联（佘从国，2003）。一个小的风险可能导致一系列风险的整体爆发，从而使企业营销风险更为复杂。对一般风险而言，企业考虑更多的是损失发生的概率和大小，而企业面对行业营销风险时，不但要考虑如何降低风险损失，还要思考风险中是否存在可以获取的市场机会。此外，由于企业获取风险信息的不完整性，造成企业很难提出有效的风险应对方案，从而使得企业对自身是否会遭遇风险、会受到多大损失也往往处于一种不确定状态，因此，更增加了行业营销风险的复杂性。

第三，扩展性。行业营销风险不但纷繁多变，而且彼此间往往还会如朱米诺骨牌一样相互诱发，产生蝴蝶效应般的影响力，从而使其具有极强的扩展性，一个小的风险事件可能会造成巨大的风险损失（Brian，2006）。尤其是随着网络媒体的发展，信息交流跨越了空间的障碍，变得直接有效，营销风险事件引发的负面信息传播更加快速广泛，若没有及时正确的应对措施，这些负面信息将给企业带来严重后果。

第四，风险控制的模糊性。从是否具有可控性的视角看，在行业营销风险中既有企业可以应对或控制的，也有企业能够部分应对的，还有企业无能为力的，这就是行业营销风险的控制模糊性（张纪康，1999）。对于某些风险而言，企业已经了解和掌握了其发展变化规律，积极采取措施就可以完全避免风险的发生，这类营销风险属于完全可控的，多发生在企业内部；而有些风险虽然是企业无法完全消除的，但可以通过预测，采取相匹配的应对措施来降低发生概率或降低损失程度，笔者称之为部分可控风险，多存在于市场环境中；而对于那些企业既无法准确预测，也控制不了的风险，只能完全承担风险损失，笔者称之为完全不可控风险，如自然灾害、国际关系、政策法律等。

第五，风险的两面性。由于营销活动本身具有投机性，因而行业营销风险通常属于投机风险，这些风险既可能给企业带来损失，企业也存在从风险之中获利的可能性。通常情况下，风险越大，风险报酬越高，这也就是企业追求风险的动力所在。例如，宏观经济发展状况欠佳，可能会给企业带来损失，但这一风险对行业内的所有企业都会带来影响，极有可能改变行业格局，如能加强管理，抓住机会，就可能给企业带来更多的市场份额和更高的行业地位（陈立文，2004）。当然，行业营销风险中也存在不少的纯粹风险，这些风险只会给企业带来损失。对于纯粹风险，加强预测，做到早知道、早准备，以减少其发生的概率，还可通过保险、合同等措施进行风险转移，减少损失。

第六，风险的相对性。风险是客观存在的，有些风险还是企业必须承受的，风险影响力的大小除了与风险发生概率和损失程度这两个因素相关外，还与企业风险偏好和风险承受能力有着密切的联系，也就是说，即使面对相同的风险，由于不同企业的风险偏好和风险接受水平不一样，风险影响力也是不同的，有的企业可能“听之任之”，而有些企业则可能“如临大敌”（陈关亭，2013）。因此，在行业营销预警与应对的过程中，需要在充分了解和掌握企业风险管理制约因素和保障条件的基础上，根据行业营销风险的实际大小和企业风险偏好，提出和制订相匹配的营销风险应对建议和应对措施，避免企业盲目性地应对或控制风险。

7.1.2　行业营销风险的形成机理

行业营销风险的形成过程是营销风险因素积累、变化和爆发的过程，由此，笔者按营销风险形成过程中的不同阶段将其内在结构划分为营销风险因素、营销风险事件和营销风险损失三个部分（张云起，2014），要厘清行业营销风险内在的传导机制和形成机理，就要分析这三个内在结构的概念及其相互关系。

7.1.2.1　行业营销风险的内在构成因素

（1）营销风险因素。营销风险因素是指那些危害行业营销系统有序运转、不利于企业营销目标实现的各类风险因素。需要指出的是，营销风险因素并不会直接引发营销风险损失，但营销风险因素经过累积和扩大后，会形成营销风险事件。因而，营销风险因素可认为是行业营销风险事件发生的潜在原因，是引起行业营销风险事件发生、增加和扩大的条件。

（2）营销风险事件。行业营销风险事件是引起营销风险损失的直接原因，是营销风险因素叠加、累积的结果。从根本上看，营销风险因素的累积引发了行业营销风险事件，如果处理不当，就会造成营销风险损失；反之，如果企业有很好的应对营销风险事件的机制，就能避免或减少由此造成的损失。因而，行业营销风险事件可以认为是营销风险因素转化为行业营销损失的现实性媒介。

（3）营销风险损失。行业营销风险损失是指行业营销系统在运行过程中由于营销事件所带来的非故意、非计划、非预期的价值减少，是行业营销风险因素和事件累积产生的结果。营销风险损失包含三层含义：一是企业价值的减少既可能是直接经济损失，也可能是品牌、声誉等方面的非经济损失；二是非故意、非计划和非预期，如“折旧”等属于计划或预期中的财务损耗，因而不属于本书所定义的营销风险损失；三是营销风险损失既可能使得行业当前的价值减少，也可能在营销风险事件之后产生影响，如风险损失的赔偿以及行业信誉、企业品牌价值等方面的损失往往是在风险事件发生后才会逐渐显现出来。

（4）营销风险因素、事件、损失三者的关系。要真正领会行业营销风险内在的传导机制和作用机理，就必须先弄清营销风险因素、营销风险事件、营销风险损失三者之间的相互关系。对此，张云起等学者（2014）认为，营销风险因素的累积引发了营销风险事件，而营销风险事件导致了营销风险损失的产生。但在实践工作中，营销风险因素与营销风险事件并没有清晰的界限，同一风险事件，在一定条件下可能是造成营销损失的直接原因，笔者可将其视为营销风险事件；但在其他条件下，也可能是造成营销风险损失的间接原因，则可将其视为营销风险因素。此外，由于营销风险的关联性，已经产生的损失也可能成为新的营销风险因素，进而带来新的风险事件和损失。基于以上分析，笔者认为，营销风险因素、事件、损失三者之间是相互关联、循环转化的，如图 7－1 所示：营销风险因素并不会直接导致营销风险损失，但营销风险因素的叠加、累积或扩大后，就可变为营销风险事件，如果处理不当，就会造成营销风险损失；在一定条件下，该损失也可能转化为新的风险因素，进而引发新的营销风险事件和损失。

通过前文的分析，可知营销风险因素、营销风险事件和营销风险损失构成了行业营销风险最重要的内在结构因素。但需要指出的是，在营销风险内在因素中，还有很多微小的因子，尽管它们不会产生真正的风险，但会影响对引发营销风险关键因素的识别和判断，笔者称之为营销风险噪音。这些噪音通常会以各类信息的形式存在，贯穿于营销风险从产生、积累到爆发的全过程，常常使得企业无法准确识别和判断行业营销风险的实质和真实的传导脉络。因此，也就无法做到“对症下药”，即企业所采取的应对措施是无法消除或减少风险损失的。鉴于此，必须通过科学的风险

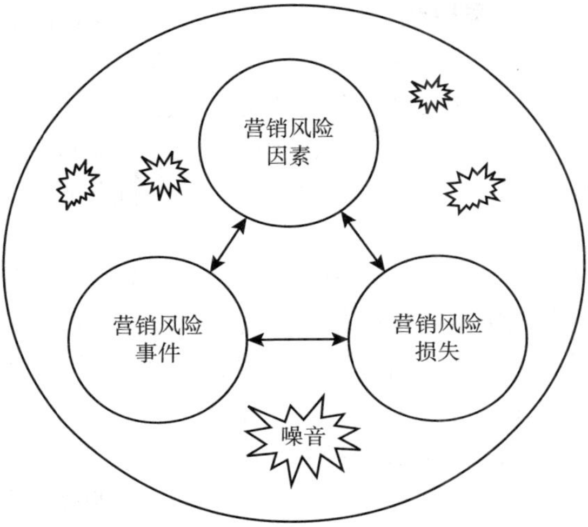

图 7－1　行业营销风险内在结构

识别方法和技术，克服噪音的干扰，寻找出行业营销风险形成的真正原因和传导的真实途径。

7.1.2.2　基于内在构成因素分析的行业营销风险形成机理

从内在结构因素研究行业营销风险的作用机理，就是要剖析行业营销风险形成的本质原因。通过分析营销风险因素、营销风险事件、营销风险损失三者之间的相互联系与转化，帮助笔者对于行业营销风险的形成机理有了更进一步的认识。但在实际工作中，为什么面对同样的营销风险事件，有的企业能够安然无恙，有的企业却损失惨重？对此，学者们通过大量的实证研究，论证了那些具备科学有效的风险预警和应对机制的企业具有更好的风险抵御能力，如美国学者布赖恩（Brian，2006）通过对传统单一风险管理与创新全面型风险管理的比较，指出全面风险管理在资本风险、公司财务保险和市场风险等方面的管理效果更具优势，此外，也有学者提出高效的公司治理结构和充足的风险资本金（James lame，2003）、运用衍生品进行风险对冲和有效的风险沟通（Lawrence，2009）以及组织文化在企业风险管理中也同样发挥了积极的作用（John，2010）。

由此可见，行业营销风险事件是否会转变为营销风险损失，除了与营销事件破坏力大小有关，也与企业自身的风险管理能力密切相关，包括风险预警能力、风险控制能力和风险支撑能力三个方面（Gerhard，2012；

潘琰，2013），其中，风险预警能力强调在风险爆发前，企业发现和消除风险潜在因素的能力；风险控制能力是指在风险爆发后，消除或减小风险损失的能力；风险支撑能力则是指企业愿意或能够承受风险损失的能力。如果一家企业的风险管理能力较强，则该企业可以通过有效的风险防控策略或凭借自身强有力的风险支撑能力，大大减小行业营销风险损失给企业带来的影响。

如图7－2所示，宏观环境变化、市场格局突变、营销资源损失、营销管理失效导致营销风险因素的产生；营销风险因素的累积和叠加引起营销风险事件。因此，行业营销风险损失的形成过程就是风险因素由量变到质变的转化过程。在此过程中，会有三种情况发生：其一，完全应对或控制。企业或政府部门能够通过有效的风险管理措施，完全预防或控制风险事件，既消除了风险事件可能带来的损失，同时也能将引起事件的因素完全消除。从控制效能上看，这无疑是最理想的。其二，部分应对或控制。企业或政府部门通过科学预测，采取相匹配的应对措施来降低发生概率或降低损失程度，但无法完全消除引发风险事件的因素，这些风险因素会继续存在和累加，直到引发新的行业风险事件产生。此类风险事件多存在于企业市场环境中。其三，无法应对或控制。当行业风险事件带来的损失在企业可接受程度以内，或风险事件的控制成本大于其可能带来的损失，又或风险事件的破坏力远远大于企业的控制能力和采取任何措施都无能为力时，企业会选择风险损失自留，即自己承担风险事件带来的风险损失。

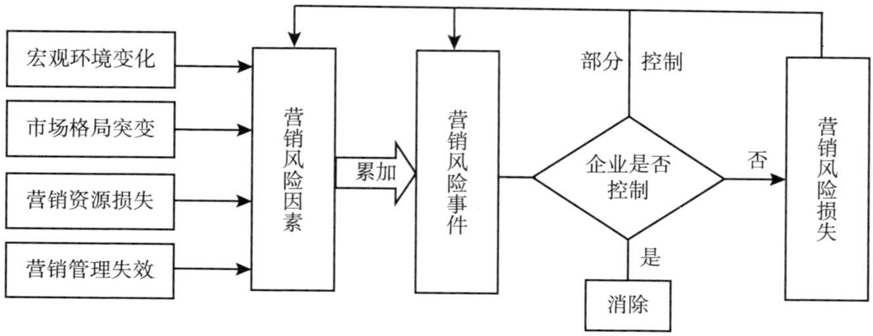

图7－2　行业营销风险形成机理

7.1.3 行业营销风险传导机制

7.1.3.1 基于触发器原理的行业营销风险的产生过程

从系统论的角度，可对营销损失的形成也可以这样描述：在行业营销系统的运行过程中，要素的变化，尤其是核心要素的变化都会在系统内产生振动，当振动的幅度大于系统的应对或控制能力时，就会打破营销系统的原有平衡，引发营销风险。例如，市场环境的变化与现有营销策略不匹配时，会破坏原有的系统平衡，可能引起产品滞销、战略失败等风险事件，进而造成风险损失。基于以上分析，本书借鉴触发器原理来揭示营销风险产生的内在过程和本质原因。通过设计和应用营销风险触发器，来解释营销风险因素是如何导致营销系统的不平衡，引发风险事件，并最终引发营销风险损失的。

触发器（trigger）是电学中的一个概念，是指当电流或电压脉冲达到触发器设置的某一临界值时，触发器便开始启动下一步工作程序（Tatikonda，2001）。从前面分析可知，营销风险损失产生的原因是核心要素的变化打破行业营销系统的原有平衡而引发的。在这一过程中，营销风险因素能否导致风险损失的产生，可以通过该因素的变动是否刺激风险触发器产生新的脉冲来判定。如果这些新脉冲是行业营销系统难以承受的，此时就会引起系统的振荡，破坏营销系统的原有平衡，导致营销风险损失的产生。

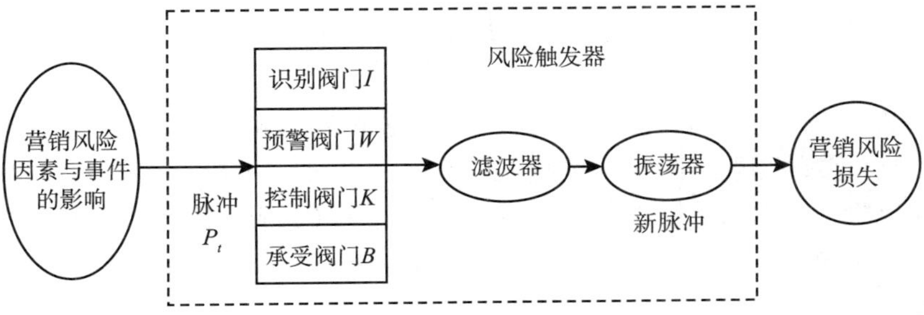

图7－3 行业营销风险触发器

如图7－3所示，在行业营销系统运行的过程中，营销风险因素与事件开始产生风险脉冲 P，并试图通过四个并联的安全阀门（识别阀门 I、预警阀门 W、控制阀门 K、承受阀门 B），这就需要将脉冲与阀值进行比较（祝志明，2005）。笔者用 $P_{(t)}$，$I_{(t)}$，$W_{(t)}$，$K_{(t)}$，$B_{(t)}$ 分别表示 t 时刻的脉冲、识别阀值、预警阀值、控制阀值和承受阀值，则：

当 $P_{(t)} > \mathrm{Min}(I_{(t)},\ W_{(t)},\ K_{(t)},\ B_{(t)})$ 时，脉冲就会通过阀门，经过滤波器过滤，过滤之后的脉冲称之为新脉冲。如果新脉冲的破坏力是系统无法接受的，则新脉冲作用振荡器，产生项目震荡，一旦系统震荡产生，就会打破原有的平衡，营销风险损失也随之产生。

当 $P_{(t)} < \mathrm{Min}(I_{(t)},\ W_{(t)},\ K_{(t)},\ B_{(t)})$ 时，脉冲无法通过阀门，就不会产生项目震荡和风险，表明行业营销系统具有较强的适应性和自我修复能力，能够应对或控制营销风险因素和事件带来的冲击，从而避免营销风险损失的产生。

滤波器（filter）也是物理学中的概念，本书用来表示营销系统的自我修复和自组织能力。营销风险事件发生后，如果营销系统具有足够的自我修复能力，那么产生的负面影响（即脉冲）可以通过滤波器进行消除，也就是通过风险预警和风险应对等措施降低或消除某些风险因素和事件的影响力，从而避免系统不平衡的发生，实现有效的风险控制。当滤波器无法消除时，即行业营销系统无法应对风险时，由此产生的脉冲就会经过滤波器转变为新脉冲，进而引发系统震荡，打破原有平衡，营销风险损失也随之产生。

在实际工作中，尤其是在营销风险预警中，触发器凭借较强的风险信息捕捉能力能够发挥巨大的作用，只要将关键风险因素列入触发器的指标跟踪队列中，通过这些关键风险脉冲值若大于设置的安全阀值，触发器就会及时报警。对此，本书第 6 章中风险预警的相关内容已经做了较为详细的讨论。

通过对行业营销风险形成机理和产生过程的研究，揭示了行业营销风险影响力度的强弱，除了与风险本身大小相关外，还与企业的风险偏好、企业风险承受能力等因素密切相关，这不仅可以更清晰地了解营销风险损失产生的内在过程和本质原因，也为行业营销风险预警与应对的深入研究奠定了基本思路。

7.1.3.2 行业营销风险传导

行业营销风险传导是指由于受到各类不确定因素的干扰和影响，使得一些微小的风险因素依附于传导载体，以各种形式被传递和扩散到行业营销系统中，进而形成营销风险损失，最终导致企业的营销目标产生偏离或失败的一系列过程。由于营销风险的复杂性和不确定性，使得行业营销风险传导的途径、方式表现出多样性的特点，深入剖析其传导机制，对于预警和应对行业营销风险十分重要。

关于风险传导，叶厚元、邓明然（2005）按照风险传导的表现特征，将企业风险传导分为泡沫破灭式、要素稀缺式、结构坍塌式、海啸波浪式、链式反应型、企业风险路径式传导六种方式。戴胜利（2007）对营销风险传导进行了较为深入的研究，形式分为四种：营销功能突废型风险传导、营销功能渐弱型风险传导、营销环境突变型风险传导和营销环境渐变型风险传导。以上学者的研究成果为本书在行业营销风险传导机制方面的研究奠定了较好的基础，但由于行业营销系统的构成要素涉及消费者、销售商、生产者以及供应商等多个方面，在每一个领域都会存在风险（风险相互关联推动，很难区分是内部风险还是外部风险），不能简单地把营销风险的传导分为内外传导或功能环境传导，而应当按照营销风险发生的原因及其运行特点，对行业营销风险的传导形式进行分类和研究。鉴于此，本书借鉴前人的研究成果，按照营销风险发生的原因及其运行特点，将行业营销风险的传导分为链式渐强型传导、轮式共变型传导和震波扩散型传导三种方式。

（1）链式渐强型传导。链式渐强型传导是指在一定条件下，行业营销系统中的某个环节所存在的风险沿着相应的渠道向某一特定方向传导，影响着处在该特定方向上的其他环节，这样如同“多米诺骨牌”，一环影响一环，一环比一环的危害性更大，最后导致原先运行有序的行业营销系统产生了风险，如图7－4所示。

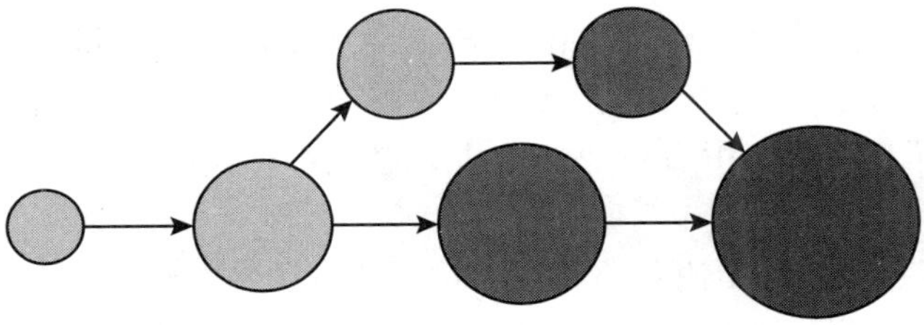

图7－4 链式渐强型传导

例如，由于原料供应商断货导致了采购系统产生了风险就属于此类风险。此种传导方式在早期危害较小，不易被发觉，中期发展迅速，越到最后危害越大。通常情况下，链式渐强型传导的营销风险只会沿着某个特定的方向蔓延，影响行业营销系统中的某一领域，但如果应对措施不当，则会全面爆发，最终给整个营销系统带来巨大风险。

（2）轮式共变型传导。轮式共变型传导的风险会使营销环境遭受重大破坏，导致行业营销系统中的多种风险同时爆发，并迅速传导，从而使得营销系统遭受巨大损失。此种传导方式不仅表现为风险在营销系统中的某一环节或部门的传导，而是表现为对整个行业营销系统同时产生影响，其特征是传导的突发性、传导的风险强度高、穿透性强且危害大、传导途径的广泛性，风险会通过与之相关的各种途径迅速地传导，如图 7 – 5 所示。

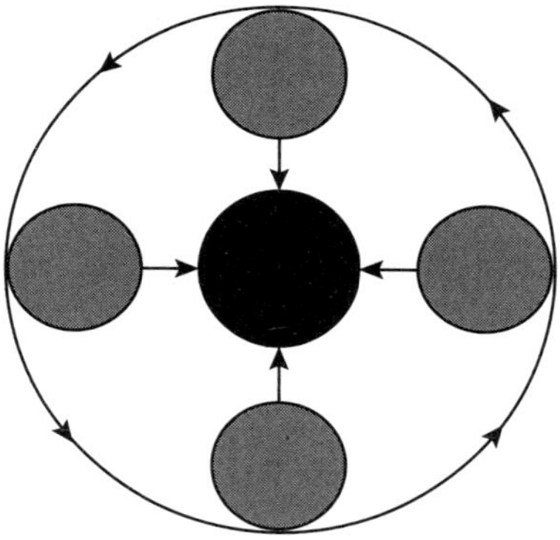

图 7 – 5　轮式共变型传导

（3）震波扩散型传导。震波扩散型传导是行业营销系统中某个环节所存在的某个风险突然爆发，由于难以预测和防范，使得此种模式传导的风险穿透力强、发展迅速，就如同地震波一样全面波及行业营销系统中的各个环节，甚至引发行业性危机，造成不可挽回的损失，如图 7 – 6 所示。

震波扩散型传导具有如下特点：第一，有源性。营销风险的震波扩散型传导模式的发端与扩散就如同地震，以震中为圆心进行扩散。第二，方向性。如同地震波的传导一样，此种传导方式以营销风险源为核心，向周边环节或部门进行扩散传导。第三，全面性。此种传导方式发源于营销系统的某个环节，以风险源为圆心进行扩散传播，威力强大，极具破坏性，其影响的不仅是营销系统中的某一环节或部门，而是给整个行业营销系统带来巨大损害，甚至引发的行业性危机。

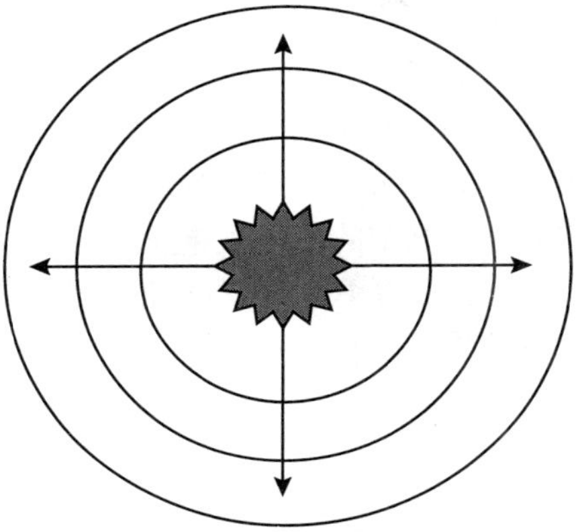

图 7－6　震波扩散型传导

7.2　行业营销风险应对

行业营销风险多是由企业外部环境变化引起的，一旦发生，企业一般难以控制。但如果能通过提升自身的风险管理和承受能力，并对行业营销风险做到及时准确、应对科学合理的预警，就能够减少给企业带来的损失。然而，行业营销风险的防范与应对需要消耗企业的大量资源，那些只注重降低风险而脱离企业实际情况的营销风险应对措施，不但会造成企业资源的浪费，还达不到风险管理的目的。因此，科学的行业营销风险应对策略是在充分考虑企业风险承受能力、管理者风险偏好等客观条件的基础上，采取有效措施，将行业风险的影响程度降低到企业的可接受水平。

需要说明的是，由于作者专业和研究领域所限，本书关于行业营销风险应对的探讨，仅限于微观的企业层面，并不包含宏观性的行业风险防范与应对。

7.2.1 行业营销风险应对目标与要素

7.2.1.1 行业营销风险应对目标

行业营销风险应对目标指明了一定时期内企业营销风险管理所要达到的理想状态或成果，并为企业营销风险管理确定了方向和范围。不同的风险应对目标，决定了企业对于风险识别的范围和数量、应对策略和管理机制都不相同。风险应对目标制定的依据是企业风险偏好与企业风险承受能力，并随着风险偏好和风险承受能力的改变而变化（Aven，2007）。本书根据企业风险预期应对效果，将行业营销风险应对目标设为三个层次，如图 7－7 所示。

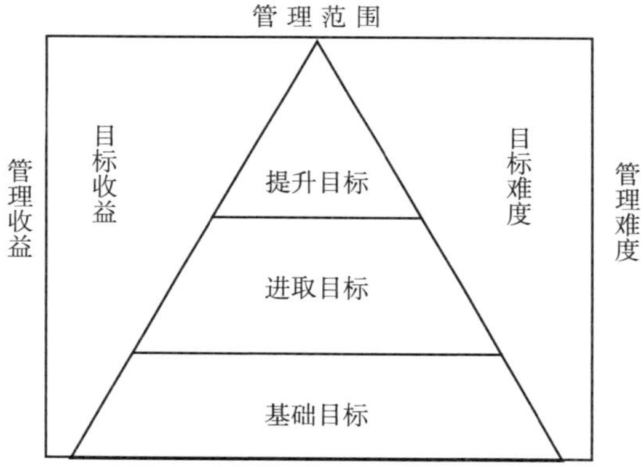

图 7－7　行业营销风险应对目标

（1）基础目标。基础目标是将“减小风险损失，维护营销安全”作为风险管理的预期效果。采用此类应对目标的企业更为关注风险的防范和转移，往往通过特定的程序和方法，以最小的成本把营销风险损失降至最低程度，以维护营销活动的安全，体现了营销风险管理的基本职能。

（2）进取目标。进取目标是以“谋求风险报酬，寻找市场机会”作为风险应对的预期效果。行业营销风险具有不确定性，它可能给企业带来损失，但也有可能蕴藏着巨大的利益和机遇。很多企业勇于在风险中寻求新的市场机会，通过开发、利用和经营风险实现企业价值最大化，这与只强调被动的防范或转嫁风险的营销风险应对目标相比，显然更具有进取性。

（3）提升目标。提升目标是将“增强风险容度，提升核心能力”作为风险应对的预期效果。风险的客观存在性决定着任何企业都会遇到风险，而良好的风险管理能力是企业参与市场竞争、寻求发展的重要保证。在复杂多变的市场环境中，通过建立健全的风险管理机制来提升企业风险容忍度，不仅能够帮助企业有效地避免或减小营销风险带来的损失，也是企业核心能力的重要来源。

在以上三个层级的目标中，基础目标体现了减少行业营销风险损失这一风险管理的基本功能，而进取目标和提升目标在减小风险损失的基本功能之上，还要求风险管理谋求风险报酬、提升风险容度。因而，风险应对基础目标的管理范围和管理难度要小于进取目标和提升目标，企业只有在确保能够完成基础目标之后，才能根据自身能力和企业的风险环境决定是否完成进取目标和提升目标。为了更好地解释这三层目标，本书建立了一个由风险管理难度、风险管理范围和风险管理收益组成的营销风险目标分析方阵（如图7－7所示），在这三层目标中，基础目标的管理范围最广，实现难度也最小，但管理收益也是最低的；与基础目标相反的是提升目标，它的管理范围最窄，实现难度最大，但管理收益是最高的。

7.2.1.2　行业营销风险应对要素

营销风险是客观存在的，无论企业是否愿意都必须面对，而且行业营销风险也可能蕴藏着巨大的利益和机遇，往往风险越大，风险报酬就越高。因此，企业的营销风险管理应是积极主动的管理行为，而不是简单规避、被动接受和无所作为。优秀的企业应根据自身的实际状况，勇于在风险中寻求新的市场机会，通过开发、利用和经营风险来实现企业价值最大化。企业的营销风险应对系统应具备以下基本职能。

一是行业营销风险的辨识与分析。对行业营销风险的特点、来源、分类和应对过程进行分析，构建科学的行业营销风险辨识方法和评价体系。二是行业营销风险评估。采取科学的测量方法，对行业营销风险进行有效评估，为企业进行营销风险分析提供依据，避免主观臆断。三是行业营销风险的预警和应对。建立合理的营销预警模型，科学地确定各级风险分界值，制定和实施有效的应对措施，将风险的影响限定在一定的范围内。四是行业营销风险应对机制和体系设计。制定行业营销风险应对的基本策略和方法，为企业营销风险管理和营销资源的有效配置提供指导方针，设计有效的营销风险管理系统，探索科学的营销风险管理效益评价方法。

通过以上分析可见，行业营销风险应对不再只局限在营销部门的层面上，企业必须从更加综合、全面的视角来分析和应对面临的风险，将营销风险管理贯穿于企业各种经营活动之中。本书借鉴美国虚假财务报告委员会发布的整合风险管理框架中的相关内容，结合营销风险的特性，提出了行业营销风险应对的八要素，这些要素源于企业营销管理的各个方面，并与企业整体运营过程整合在一起。这八个要素罗列如下。

（1）内部环境。内部环境决定着企业的风险偏好和风险意识，影响风险管理目标的制定，以及如何识别、评估风险并采取行动。营销风险管理的内部环境因素包括风险管理理念、风险容量、企业文化、道德价值观和风险承受能力以及企业营销部门组织机构的稳定等，这些是企业风险管理的基础。

（2）目标设定。营销风险应对目标要与企业总体目标切合，并与企业风险偏好和风险承受能力相符。目标设定是风险识别、风险评估和风险应对的前提，科学合理的风险应对目标，是企业营销风险管理的行动指南，促使各部门形成合力，使风险管理工作行之有效。

（3）事件识别。风险管理部门必须识别出可能会对企业营销目标产生影响的风险事件。风险事件识别首先要将纯粹的风险事件和机会风险事件区分开来，还要对风险事件的产生原因、传导过程以及损失大小进行识别和判断，在此基础上，要对风险事件进行科学分类，奠定行业营销风险应对的基础。

（4）风险评估与预警。对识别出的风险进行评估，能够使企业认识到潜在的风险事件影响营销目标实现的程度。管理者通常采用定性和定量相结合的方法，从发生概率和损失程度的这两个角度对风险事件进行评估，并结合企业自身的风险管理目标和风险偏好等因素，作为决定如何进行应对的依据。

（5）风险应对。企业会根据自身的风险应对目标以及风险破坏力的大小，针对不同的营销风险，采取不同的应对措施，包括规避、接受、降低和转移风险。通常情况下，管理者会根据对风险发生概率和损失程度的评估情况，并结合风险管理成本效益和企业风险偏好，选择一系列的风险应对策略，以确保把风险控制在企业风险可接受水平以内。

（6）控制活动。营销风险的控制活动要确保所制定的行业营销风险应对策略能得到有效实施。通过预先控制、过程控制和事后控制，保证应该采取的风险管理行动事实上已经在进行，保证企业应该达到的风险控制目标事实上已经达到，对风险应对策略的实施效果进行监控和反馈，以便管理者及时作出合理调整。

（7）信息沟通。获取真实可靠的信息并进行有效沟通是行业营销风险的识别、评估和应对的基础。首先，行业营销风险纷繁复杂、种类多样，企业必须建立科学的营销风险信息识别和评估机制，才能对其产生、传导和爆发进行有效识别和评价；其次，建立有效的信息沟通机制，既包括企业各部门和人员之间的沟通网络，也包括企业与其他企业、社会公众、政府部门等利益相关者的沟通渠道。并通过高效的沟通方式，帮助企业及其员工更为明晰的识别、掌握和交流风险信息，明确风险应对的总体目标以及各自的岗位职责。

（8）监管。企业在营销风险管理的过程中必须实施有效的监管，并根据情况对管理策略作出必要的调整。风险监管可由企业自身设立的风险管理职能部门执行，也可由第三方完成，通常监管包括两个方面的工作：第一，企业要对营销风险管理效益进行有效监管，主要是看营销风险管理成本与营销风险损失之间的对比管理，如果营销风险管理成本小于营销风险损失，则所采取的营销风险管理是合理的；如果营销风险管理成本大于或等于营销风险损失，则所采取的营销风险管理不够合理，应及时修正方案。第二，建立营销风险责任制度，明确企业各部门和员工的营销风险责任和权限，包括明确风险责任主体、明确风险责任范围和明确风险责任三个方面。

7.2.2 行业营销风险应对措施与实施过程

7.2.2.1 行业营销风险应对措施

按时间顺序，企业开展行业营销风险应对过程可分为两个阶段：在风险爆发前，企业通过风险预警，对潜在的行业营销风险采取恰当的防范策略，减小或消除可能带给企业带来的不利影响；在风险爆发后，企业应根据风险的大小和自身能力，实施可行的补救措施，以减少可能造成的损失。基于对相关研究成果的比较与分析（胡华夏，2000；李强，2005；张云起，2014），本书认为，营销风险回避、营销风险转移、营销损失遏制和营销风险自留是企业最为适用的四项基本应对策略。

（1）营销风险回避。营销风险回避是指企业根据行业营销风险状态和趋势，主动放弃那些可能给企业带来巨大损失的营销项目或营销活动。当营销风险造成的损失不能由该营销活动可能获得的利润予以抵消时，风险避免就是最简单和有效的风险应对方法。主要的营销风险回避措施包括：第一，事前终止，彻底避免损失。企业通过对行业营销风险状态的评估与分析，对于不适宜实施的营销项目计划应果断放弃，从而彻底避免损失的发生。第二，事中放弃，减小风险损失。对于因行业营销风险影响而不适宜继续进行的营销活动或项目，为了避免更大的损失，企业可根据具体状况选择暂停或中途放弃。

（2）营销风险转移。营销风险转移是指通过合同、协议或约定等方式，将行业营销风险可能带来的损失转嫁给其他企业或个人，以减少自身损失的风险应对方法。按照转移对象和控制手段的差异，可将营销风险转移分为以下三种类型：第一，保险转移。企业对货物等静态资产进行投保，把风险损失转移给保险公司。第二，控制型非保险转移。指企业为了达到降低行业营销风险不利影响的目的，通过契约或合同将风险可能带来的经济损失和法律责任转移给非保险业的其他企业或个人，主要有出售、转包、互换和租赁四种形式。第三，财务型非保险转移。指企业对因行业营销风险而产生的财务损失，转移给保险业以外的其他主体的风险应对方法，以补偿企业因风险事故发生造成的损失。主要的实施手段有中和、免责约定、担保人条款等。

（3）营销损失遏制。行业营销风险损失遏制可依据时序的不同，将其分为以下两种类型：第一，营销损失预防。在行业营销风险发生前，企业通过有效预警和防范，降低行业营销风险对企业营销活动的影响力度。如选择赊销客户时，企业如果先对客户群体进行信用评级，将信用较差的客户从中剔除，就能够很好地防范因顾客欠款所带来的风险。第二，营销损失抑制。在风险爆发后，企业采取风险预案、调整战略等应对措施减小风险损害程度。例如，当企业遇到行业性的产品质量信任危机时，应把客户利益放在第一位，在确保自身产品质量的同时，要积极通过媒体发布相关信息自证清白，进而获取顾客和舆论对本企业的支持与理解，以减少产品质量事故对自身的消极影响。

（4）营销风险自留。营销风险自留又称营销风险承担，是指企业自己承担行业营销风险所造成的损失。与前三种应对策略相比，该方法最大的不同是将营销风险留给自己，而不是转移给其他主体。企业可通过以下三种措施进行损失处理：第一，对于发生概率高但损失程度较小的风险，可将这些风险损失视为企业不可避免的经常性支出，摊入经营成本；第二，对于可能引起较大损失的风险，可建立意外损失基金，用以补偿风险事故所引起的损失，如企业提取的坏账准备金等；第三，风险爆发后，企业可通过借款方式作为处理自留风险的手段，这样可使企业在风险事故发生前，既不必缴纳保险费，也无须占用资金建立支付补偿基金，而只根据风险发生后的具体损失情况以借款筹得资金来补偿。

7.2.2.2 行业营销风险应对措施的实施过程

通过前文的分析，可以看到，风险回避、损失遏制、风险转移和风险自留四类行业营销风险应对策略各有优势和不足。在实践中，企业应在充分考虑自身条件和风险实际状态的基础上，将以上四种措施有效组合，形成综合性的行业营销风险应对方案，才能达到风险管理的目的。为了使分析更为清楚，本书用图7－8对行业营销风险应对措施的实施过程做了进一步的解释与说明。

如图7－8所示，在应对行业营销风险的过程中，企业应根据行业营销风险状态和企业的实际状况，明确当前行业营销风险对自身的影响程度以及可能带来的损失。在此基础上，可优先考虑能否采取风险回避策略，主动放弃那些可能给企业带来巨大损失的营销项目或营销活动；若无法避免或避免成本过大，则应再考虑是否可以采取风险转移和风险遏制策略，通过调整营销战略或寻求其他企业帮助，达到减少损失的目的；如果由于应对成本或其他等因素的制约，对于既不能避免，又不能完全遏制或转移的风险损失，则企业只能采取风险自留策略，通过将损失摊入经营成本、建立意外损失基金、借款等手段，自己承担行业营销风险所造成的损失。

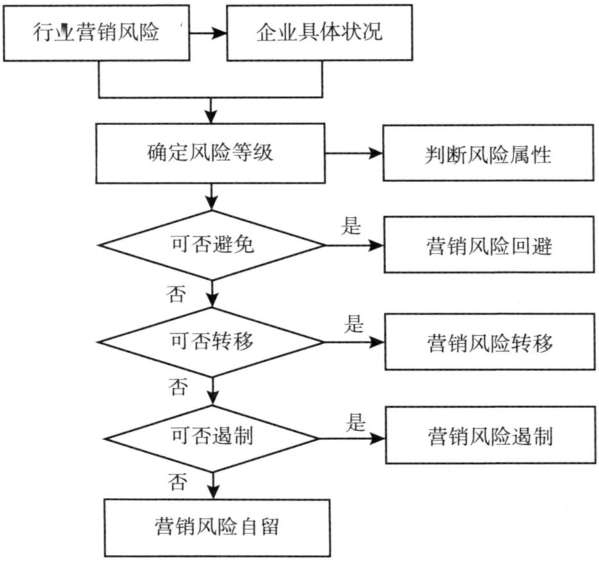

图 7-8　行业营销风险应对措施实施过程

7.2.3　行业营销风险应对机制设计

如前文所述，尽管行业营销风险多是企业难以控制的，但如能通过提升企业自身的风险管理能力，实现对行业营销风险的预警及时准确、应对科学合理，就能够减少给企业带来的损失。这就要求企业必须基于行业营销风险应对的实际需要，从企业整体管理的视角，制定和实施科学的营销风险应对机制。

7.2.3.1　构建科学的企业营销风险管理组织体系

企业要进行有效的行业营销风险应对，首先要构建科学的营销风险管理组织体系，应涵盖如图 7-9 所示的三个层面：（1）营销风险战略管理层面。企业应建立一个由公司决策层成员担任负责人的风险管理委员会，负责调配资源，协调工作，推进营销风险管理在企业各部门中有序展开。（2）营销风险部门监管层面。主要职责包括营销风险监测与信息发布、营销风险评估和预警、制定有效的营销风险管理方案，并推动实施等。在工作中，可根据具体状况，设置独立的风险监管部门或由营销部门负责主导。（3）营销风险基层管理岗位。为了保证营销风险管理措施的有效实施，营销风险基层管理岗位的主要职责应包括对风险方案进行客观独立的评价、完成营销风险管理的协调和事务性工作、对营销风险管理提出整改意见等。

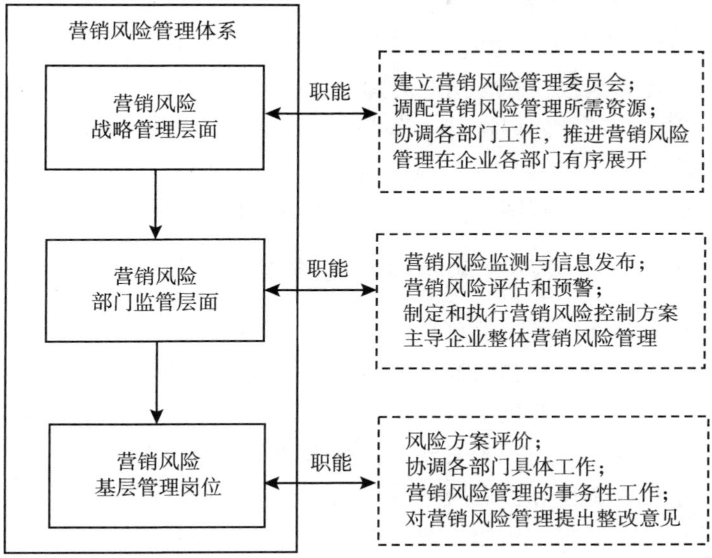

图 7 –9　营销风险管理体系设计

7. 2. 3. 2　制定完善的营销风险责任制度

建立健全的营销风险管理制度，明确企业各部门和人员的营销风险管理责任和权限，对行业营销风险应对具有十分重要的意义。营销风险管理责任制度几乎涉及企业营销管理的各个方面，不同类型的企业可根据自身情况而定，但有效的企业营销风险责任制度应明确以下三点：第一，应明确风险责任主体，即哪些部门和人员负有风险管理责任；第二，要明确风险责任范围，即风险管理主体对哪些行业营销风险负有防范和应对责任；第三，要确定风险责任，当风险发生时，因风险责任主体未能制定或执行正确的应对措施，致使企业遭受损失，风险责任主体应承担怎样的责任（Bottelberghs，2000）。

7.2.3.3 赋予营销风险管理人员充分的职权

为了保证风险管理各项措施的顺利执行，需要赋予营销风险管理人员充分的职权，主要包括：(1) 风险管理人员有权对营销风险管理方案的执行效果进行监督和评价，并及时将评价报告送交企业相关部门和人员；(2) 当发现需要尽快处理的重大营销风险时，风险管理人员可直接向主管副总甚至总经理汇报，并提出应对建议；(3) 风险管理人员有权参与到营销战略制定、营销计划审核等工作中，并从风险控制的角度提出建议，以减少营销决策风险；(4) 在对风险管理过程中，因工作不利而给企业带来损失的人员或部门，营销风险管理人员拥有处罚建议权。

7.2.3.4 加强行业风险信息的搜索和监控

及时获取真实的风险信息是行业营销风险应对的基础。企业必须加强对行业风险信息的搜索和监控，才能全面了解外部环境的变化，及时调整应对策略，以减少行业风险对营销活动的影响。对于行业风险信息的搜索和监控可以通过两个途径来实现：一是借助于传统的市场调研方式，从产品设计、生产、销售和售后服务等营销活动中搜集风险信息；二是建立营销风险管理信息系统，运用大数据思想和技术进行营销风险信息搜索与监控，提升行业营销风险应对策略的有效性。

7.2.3.5 通过制定完善的营销风险管理制度提升企业抗风险能力

完善的风险营销管理制度主要包括以下四个方面：(1) 建立科学的营销风险决策机制。在进行营销战略等重大问题决策时，不能只凭最高决策者个人偏好和经验随意决定，而是要在充分评估和分析当前行业营销风险状态及趋势的基础上，由董事会通过协商、投票等方式共同作出最后的决定，以避免人为因素造成的营销决策失误。(2) 做好员工招聘与教育工作。建立严格的营销人员招聘制度和程序，审慎挑选营销人员，从源头上应尽量杜绝人员风险的产生。强化员工的风险教育培训工作，包括风险知识、风险应对技能和风险意识培养，以提高员工风险的识别、判断和处理能力。(3) 建立严格的营销财务风险预防制度，实行货物、账目和现金互相制衡的管理体制，形成营销人员、会计、出纳三者之间的相互制约关系（唐仁，2007），从而有利于降低营销财务风险。(4) 建立管理人员营销巡查制度。通过对营销一线岗位和营销项目的巡查监督，使得管理人员能够及时了解最新的行业风险信息，有利于他们作出正确的应对决策。

7.3 行业营销风险应对绩效分析

风险应对绩效是指企业在开展行业营销风险应对的过程中，其投入成本与收益的比较，以判断行业营销风险应对方案的可行性。通常可根据成本与收益之间的对比关系对方案效益进行判断：如果实施成本小于收益，则说明采取的方案是合理和可行的；如果成本大于或等于收益，则说明方案需要改进。

为了使评价结论更为科学合理，本书引入风险作用杠杆函数，来评价行业营销风险应对方案的效益：

$$RRL = \frac{RE_{before} - RE_{after}}{RC} \tag{7-1}$$

在式（7－1）中，RRL 表示风险作用杠杆，RE_{before}表示原有风险损失，RE_{after}表示风险应对方案实施后的剩余风险损失，RC 表示风险应对方案的实施成本。当 $RRL \leq 1$ 时，表明方案实施成本大于收益，应调整方案；当 $RRL > 1$ 时，表明方案实施成本小于收益，可执行制定的风险应对方案，不必进行调整。

在风险作用杠杆函数中，实施成本包括直接用于行业营销风险应对的费用支出、风险管理人员的工资支出以及因采取营销风险管理而带来的机会损失。而风险损失的计量较为复杂，这是因为营销风险损失既可能是经济损失，也可能是非经济损失；既可能是企业当前价值的减少，也可能是风险发生后的较长时间才会显现出来的损失，如企业信誉、品牌价值等方面的损失。由此可见，风险损失的模糊性以及时间上的扩散性给行业营销风险应对方案的效益评价带来了一定的困难。因而，如何分析和计量营销风险损失是风险作用杠杆函数能够发挥作用的关键环节（Robert，2003）。

对此，本书将实施应对方案后减少的风险损失视为风险应对收益，将投入的成本看作投资，这样就将风险作用杠杆函数中的损失与成本的关系转换为收益与投资的关系。经由这一步骤，就可以用当期收益加上预期收益计算总收益，当前投资加上预期投资计算总投资（即总成本）。通过以上的探讨，并借鉴前人的研究成果（张云起，2014），本书将风险作用杠杆函数表示为式（7－2），以此来进行行业营销风险应对方案的绩效分析：

$$RRL = \frac{R_0 + \sum_{t=1}^{T} E_t(R_t)(1 + i_t)^{-t}}{I_0 + \sum_{t=1}^{T} E_t(I_t)(1 + i_t)^{-t} + C} \tag{7-2}$$

其中：

$$E_t(I_t) = \sum_{i=1}^{n} P_{i,t}^{(I)} R_{i,t} \tag{7-3}$$

$$E_t(R_t) = \sum_{i=1}^{n} P_{i,t}^{(R)} R_{i,t} \tag{7-4}$$

在式（7－2）~式（7－4）中，R_0 为期初收益，I_0 为期初投资，i 为 t 时刻利率，$E_t(R_t)$ 为 t 时刻的期望收益，$E_t(I_t)$ 为 t 时刻的投资期望；P 为风险事故发生的估计概率。其中，可用潜在收益乘以风险事故发生的估计概率计算企业某一时间单元的期望收益，再将分散在若干单元的期望收益值贴现为现值，确定评价期总的期望收益 $E_t(R_t)$。

7.4 本章小结

本章通过对行业营销风险的形成机理和产生过程的研究，揭示了行业营销风险的影响力除了与风险本身大小相关外，还与企业的风险偏好、企业风险承受能力等因素密切相关。由此，可以更为清晰地了解行业营销风险损失产生的内在过程和本质原因。行业营销风险一般是企业难以控制的，但企业可以通过采取有效的应对措施，对受到影响的企业营销活动进行补救或调整，以适应行业环境的变化，减少行业风险给企业带来的不利影响。鉴于此，本书借鉴相关研究成果，在充分了解行业营销风险基本特征的基础上，从内在结构因素的视角，分析了行业营销风险传导机制。在此基础上，提出了风险回避、损失遏制、风险转移和风险自留四项企业层面的行业营销风险应对措施，并基于行业营销风险应对的实际需要，从企业整体管理的视角，对企业营销风险管理机制提出政策性建议，并探讨了行业营销风险应对绩效的评价方法。

第 8 章

总结与展望

在本章，笔者将对全书进行全面总结，在概括主要研究结论与主要贡献的基础上，指出本书研究的局限性，并对未来研究方向提出一些建议。

8.1 研究总结

在当前的市场环境下，对于如何开展行业营销风险的预警和防范，已成为营销管理研究中亟待解决的问题。鉴于此，本书在对行业营销风险基本理论进行了探索性研究的基础上，构建了行业营销风险评价体系和指数评估模型，并从风险偏好等企业个体的视角，提出了行业营销风险预警与应对的模式与措施。总体而言，本书的研究主要集中在以下五个方面。

第一，通过对以往文献的回顾与比较，发现了当前营销风险研究中亟待解决的问题，主要表现在：首先，目前的研究多集中在企业营销风险的微观层面，而缺乏对行业营销风险的深入分析与讨论，致使当前的营销风险研究存在一定的片面性和局限性；其次，由于缺乏对评价指标的基本属性、风险专家主观模糊性等因素的充分考虑，使得目前的风险评估往往会出现不同程度的偏差，难以保证研究结论的科学性和准确性；最后，在实践中，同样的营销风险对不同企业造成的影响是有差异的，但现有文献主要集中在指标体系、模型构建等预警环节的研究上，而忽视了从风险偏好、风险承受能力等企业个体因素进行的深入分析，从而导致当前营销风险预警研究的实用性不强。

第二，运用扎根理论对行业营销风险的内涵、来源与构成等基础理论进行探索性研究，通过不断比较和反复甄别，并严格遵守扎根理论的编码原则和程序，从 30 个样本资料中提取了 112 个概念、25 个初级范畴、9 个次要范畴、3 个主要范畴和 1 个核心范畴，最终形成了一个内容丰富，且有明显的维度和层次划分的概念体系。在这一过程中，从资料收集和分析、提炼概念和范畴到最终形成理论框架，都严格遵循扎根理论的原则和要求展开。在此基础上，初步构建起了行业营销风险影响因素模型，明确了行业营销风险的引发要素。因而，所形成的行业营销风险基本理论框架和评价指标体系较为充分地体现出行业营销风险的内在特征，具有较强的科学性和可操作性，丰富和发展了营销风险研究的视野与理论框架，在一定程度上弥补了传统营销风险研究因偏重微观的企业营销风险而导致的片面性和局限性。

第三，基于指标属性的不同，通过 FA – BD 模型优化和改进了营销风险的评估方法。首先，运用盲数理论表达和处理了主观指标的盲信息问题，并通过引入专家综合可信度的概念，将专家不同的知识结构、资历以及对测评问题的把握程度，体现在主观指标的评价过程中，从而较好地解决了评价者主观模糊性的问题；其次，运用模糊数学中的梯形分布公式推导出客观指标分级隶属度关系函数，并结合预设的函数分界值来处理客观指标的指数表达问题，使得获取到的风险信息数据能够直接参与到风险指数的定量运算中，提升了评估结果的时效性和科学性；最后，通过隶属度函数将主观指标与客观指标的风险测量值置于一个分析框架之中，确保了最终获得的风险指数具有可比性和一致性。由于充分考虑了多种因素对风险指数评估的影响，使得本书在行业营销风险指数评估的研究过程中，可以有效地减小因计算方法、人为因素而产生的误差，从而提升了评估结果的科学性和精确性。

第四，在对行业营销风险预警研究的过程中，本书应用概率统计中的 3σ 法则确定了行业营销风险预警等级指数标准，充分考虑了营销风险指数分布非线性特点，从而弥补了以往研究中平均分配风险等级区间长度这一方法的弊端。在此基础上，基于 ALARP 原理的基本思想与方法，通过 λ 均值度量法构建了风险可接受区域判断矩阵，从行业风险等级、企业风险偏好和企业风险可接受水平均衡的视角，探索企业防范和应对行业营销风险的方法与模式。与以往的营销风险预警研究相比，本书充分考虑了不同企业对风险接受程度和处置方法的差异，使得本书的研究具有更好的科学性和实效性，从而拓展了营销风险预警研究的思路和视角，并在一定程度上弥补了风险管理研究与企业实践相脱节的缺陷。

第五，选择我国乘用车制造行业为案例研究样本，将前文中构建的指标体系、评估模型和预警方法等理论研究成果，应用到该行业的营销风险评估和预警中。通过研究结论与实际情况的比较，可以看到，所获取的风险指数、预警等级等结论客观地反映了行业营销风险的实际状况。在此基础上，通过构建乘用车制造行业风险判断矩阵，明确了我国乘用车制造业上市公司对当前行业营销风险的可接受程度，并选择典型企业进行重点分析，进一步验证了本书中对于行业营销风险可接受水平划分的可行性和科学性。

简而言之，本书基于风险管理的逻辑框架，通过识别行业营销风险、提出评价指标体系、构建风险指数评估模型、设计风险预警模式等过程，对行业营销风险的构成及其评估和预警等问题进行了探讨。总结了本书的研究过程和结论，以下是三个可能的创新点。

第一，运用扎根理论对行业营销风险的内涵及构成进行探索性研究，初步构建起了行业营销风险影响因素模型，明确了引发行业营销风险的关键要素。所形成的行业营销风险基本理论框架和评价指标体系较为充分地体现出行业营销风险的内在特征，具有较强的科学性和可操作性，丰富和发展了营销风险研究的视野与理论框架，并在一定程度上弥补了传统营销风险研究因偏重微观的企业营销风险而导致的片面性和局限性。

第二，与传统的营销风险评估研究相比，本书基于主观指标和客观指标的不同属性，分别运用盲数理论和模糊数学中的梯形分布函数，推导出适合于行业营销风险主客观指标的评估方法。并通过分级隶属度函数，将这两类指标的风险测量值置于一个运算模型之中，从而确保了最终获取的风险指数具有可比性和一致性，弥补了以往指数合成方法中因指标风险值来源不一致而产生偏差的缺陷。在此过程中，还通过引入专家综合可信度的概念，将专家不同的知识结构、资历以及对测评问题的把握程度，体现在主观指标的评估过程中，从而较好地解决了风险评估中评价者主观模糊性问题。

第三，在充分考虑营销风险指数分布非线性特点的基础上，应用概率统计中的 3σ 法则，确定了行业营销风险预警等级指数标准。以此为依据，基于 ALARP 原理的基本思想与方法，通过 λ 均值度量法构建风险可接受区域判断矩阵，从行业风险等级、企业风险偏好和企业风险可接受水平三者均衡的视角，探索企业防范和应对行业营销风险的方法与模式，从而拓展了营销风险预警研究的思路和视角，并在一定程度上弥补了风险管理理论研究与企业实践相脱节的缺陷。

8.2 研究局限

尽管本书较为成功地完成了最初的研究构想，但由于笔者知识结构、研究能力以及研究条件等方面的限制，使得本书难免有局限和不足之处，主要表现以下三个方面。

第一，由于受研究时间和科研条件所限，本书在应用扎根理论对行业营销风险基本理论框架和评价指标体系进行探索性研究的过程中，由于偏重于行业风险的全面性和综合性分析，使得所选择的访谈对象主要来自工业制造企业，对于行业间的差异性考虑不够充分。因此，未来研究将充分考虑行业间的差异性，拓展研究结论的普适性。

第二，本书的关注点是在行业营销风险识别的基础上，探索行业营销风险指数评估及预警的方法与模式，并探讨了企业层面的行业营销风险应对策略。而对于宏观性的行业营销风险应对、企业风险承受能力以及行业营销风险的传导路径等方面的研究不够系统，从而造成对这些问题研究深度上的欠缺。

第三，在研究数据获取及其结论的普适性方面尚有不足。由于研究条件所限，使得本书在研究过程中很难大规模地获取相关风险数据。因而，在本书中，由监测数据推导出的研究结论更适合于案例行业，对于其他行业来说，可能存在一定的偏差。在未来的研究中，如能通过大数据技术建立起行业营销风险指标数据库，对行业营销风险预警和应对的实践指导性会更强。

8.3 研究展望

在当前的市场环境下，对于如何开展行业营销风险的预警和应对，有着更为迫切的需求，有待学者们提出更有效的管理理论和方法。基于对以往文献的回顾与比较，以及笔者在研究过程中的感受与困惑，本书认为，以下三个方面是未来营销风险研究中需要重点关注的。

第一，建立不同行业的营销风险预警指数标准。由于调查样本所限，在本书中，由数据推导出的一些研究结论更适合于乘用车制造行业及其所属企业。如果能建立起行业性的营销风险评价指标数据库或指标池，对营销风险预警和控制的实践指导性会更强。因此，通过大规模的采集行业数据资源，在风险突出的食品、煤炭、家电、纺织、房地产等重点行业，建立行业性的营销风险预警指数标准，以及帮助相关部门和企业开展行业营销风险预警和应对，是未来研究工作的重点领域。

第二，继续强化行业营销风险基础理论和评估方法的研究。在目前的经济形势下，行业营销风险的复杂性和多变性大大增强。因此，加强对行业营销风险来源、构成、传导等方面的基础理论研究，以及通过借鉴数学、统计学、经济学以及计算机等学科的最新成果来推动该研究领域的发展，以适应研究对象的发展变化，仍是未来需要重点加强的。

第三，随着大数据时代的到来，运用大数据思想和技术加强对顾客需求、市场竞争、宏观经济、政策法律等领域风险信息的搜索与监控，能够有效地提高行业营销风险信息的搜索质量和效率，进而提升行业营销风险预警与防范的可靠性和准确性。因此，基于大数据的行业营销风险研究是未来的重要工作和发展趋势。

附录1　受访者样本信息表

表1

样本编号	学历	层级	所 在 企 业	企业规模	所在城市	所属行业
1	本科	销售经理	博洛尼家居用品集团	小型	北京	建筑
2	本科	高级经理	北京东方锐阳科技有限公司	小型	北京	电子
3	硕士	客户经理	际华集团股份有限公司	大型	北京	钢铁
4	本科	销售经理	北京现代汽车有限公司	大型	北京	汽车
5	本科	客户经理	中钢矿业开发有限公司	小型	北京	钢铁
6	硕士	客户经理	奔驰（中国）销售公司	中型	北京	汽车
7	本科	销售经理	中民嘉华资产管理有限公司	微型	北京	建筑
8	硕士	市场总监	北大方正电子有限公司	中型	北京	电子
9	本科	销售经理	北京东方雨虹防水材料有限公司	小型	北京	化工
10	本科	高级经理	首都健康产业有限公司	小型	北京	医药
11	本科	客户经理	北汽福田汽车股份有限公司	大型	北京	汽车
12	大专	销售经理	宁夏众一发展集团有限公司	中型	银川	建筑
13	大专	销售副总	宁夏奥立升汽车销售有限公司	小型	银川	汽车
14	本科	总裁助理	宁夏中银绒业股份有限公司	大型	银川	服装
15	本科	销售副总	宁夏银凤风机有限责任公司	小型	银川	机械
16	大专	总经理	银川市金河乳业有限公司	小型	银川	食品
17	本科	销售经理	宁夏多维药业有限公司	小型	银川	医药
18	本科	销售经理	上海滢致节能电器有限公司	微型	上海	家电
19	硕士	市场主管	上海哈威油液压技术有限公司	小型	上海	机械
20	本科	区域经理	上汽集团销售有限公司	大型	上海	汽车
21	高中	区域经理	东风汽车股份有限公司	大型	武汉	汽车

续表

样本编号	学历	层级	所在企业	企业规模	所在城市	所属行业
22	大专	销售经理	厦门黎民纺织品有限公司	小型	厦门	服装
23	本科	市场总监	厦门振扬电子科技有限公司	微型	厦门	电子
24	大专	销售经理	济南欣和食品有限公司	微型	济南	食品
25	本科	销售经理	济南吉诺电气有限公司	微型	济南	家电
26	本科	销售主管	武汉诺华制药有限公司	中型	武汉	医药
27	硕士	市场总监	山东方圆集团有限公司	中型	烟台	机械
28	本科	销售副总	山东科瑞新材料有限公司	微型	烟台	化工
29	大专	区域经理	西安利澳科技股份有限公司	中型	西安	化工
30	本科	销售经理	西安新达机械有限公司	小型	西安	机械

附录 2　理论饱和度检验所用案例基本信息

表 1　　案例来源信息

序号	案例名称	涉及行业	案例来源
1	某电器企业 40 亿元坏账	家电	《营销风险管理》（张云起，2014）
2	乱世枭雄：某家电企业的兴衰	家电	《市场营销案例分析》（许彩国，2008）
3	某汽车品牌的断轴事件	汽车	腾讯汽车（http：//auto. qq. com/）
4	某品牌饮料沉浮记	食品	腾讯财经（http：//finance. qq. com/）
5	小灵通渠道之乱	电子	中国营销传播网（http：//www. emkt. com. cn/）
6	某房地产企业面对危机的进退	建筑	中国行业研究网（http：//www. chinairn. com/）
7	某体育品牌营销分析	服装	网易财经（http：//money. 163. com/）
8	某品牌手机的营销问题	电子	网易财经（http：//money. 163. com/）
9	中国制造的危机	机械	网易财经（http：//money. 163. com/）
10	某汽车企业深陷营销泥潭	汽车	新浪财经（http：//finance. sina. com. cn/）
11	被遗忘的某品牌隐形眼镜	化工	新浪财经（http：//finance. sina. com. cn/）
12	某汽车企业的召回事件	汽车	腾讯汽车（http：//auto. qq. com/）
13	某国外品牌洗衣粉在中国的挑战	化工	新浪财经（http：//finance. sina. com. cn/）
14	2015 年钢铁行业分析报告	钢铁	中国行业研究网：（http：//www. chinairn. com/）
15	某制药企业的 PPA 事件	医药	豆丁网（https：//www. docin. com/）

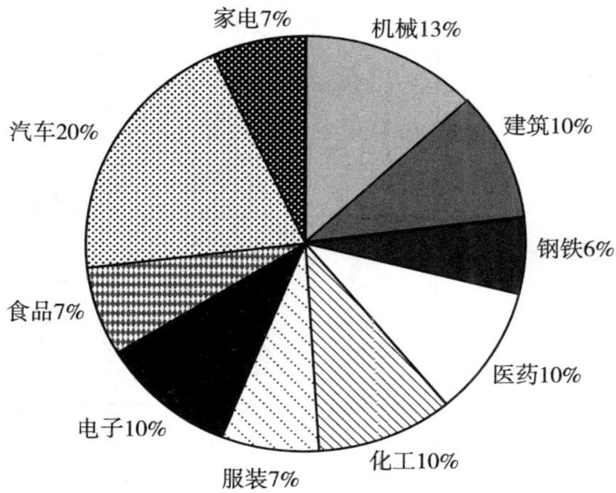

图1 理论饱和度检验案例涉及行业分布结构

附录3　乘用车制造行业上市公司相关统计数据

表1　**乘用车制造行业上市公司 2011～2014 年主营业务收入统计**　单位：千万元

企业名称	2011 年				2012 年				2013 年				2014 年			
	Q_1	Q_2	Q_3	Q_4	Q_5	Q_6	Q_7	Q_8	Q_9	Q_{10}	Q_{11}	Q_{12}	Q_{13}	Q_{14}	Q_{15}	Q_{16}
上汽集团	9640	18324	28000	43310	12327	23416	35100	47843	14476	27943	41938	56335	16756	31826	46834	62617
长城汽车	695	1420	2138	3009	873	1829	2946	4316	1276	2642	4077	5078	1474	2853	4259	6259
比亚迪	1171	2255	3433	4883	1173	2258	3311	4685	1289	2604	3870	5286	1172	2672	4041	5820
长安汽车	817	1453	1961	2655	755	1404	2022	2946	1018	1975	2803	3848	1219	2421	3675	5291
江淮汽车	948	1744	2430	3047	726	1411	2114	2912	885	1799	2547	3362	979	1810	2516	3417
福田汽车	1469	3078	4151	5165	1354	2642	3320	4097	841	1796	2588	3415	971	1881	2559	3369
一汽轿车	959	1908	2573	3265	629	1908	2573	3265	644	1344	2098	2968	799	1589	2428	3385
广汽集团	217	512	764	1098	242	548	864	1287	398	810	1243	1882	475	1077	1564	2238
江铃汽车	473	922	1331	1745	449	872	1275	1747	490	967	1479	2087	619	1228	1810	2254
东风汽车	543	1111	1611	2139	521	996	1397	1770	447	1008	1450	1931	434	896	1230	1747

续表

企业名称	2011 年				2012 年				2013 年				2014 年			
	Q_1	Q_2	Q_3	Q_4	Q_5	Q_6	Q_7	Q_8	Q_9	Q_{10}	Q_{11}	Q_{12}	Q_{13}	Q_{14}	Q_{15}	Q_{16}
海马汽车	304	563	804	1121	199	427	592	846	227	491	708	1023	266	563	847	1235
力帆股份	178	414	637	863	187	403	607	868	245	467	682	1007	250	489	722	1142
金杯汽车	112	220	328	468	104	227	339	505	131	284	389	569	138	272	383	515
天津夏利	305	546	745	995	206	405	552	750	170	307	414	562	90	157	224	323
合计	17831	34470	50960	73763	19745	38746	57012	77837	22537	44437	66286	89355	25642	49734	73092	99612

注：表中的 Q_1 ~ Q_{16} 表示 2011 ~ 2014 年的 16 个季度，每一个季度为一个评估期。
资料来源：乘用车制造业上市公司财务年报（2011 ~ 2014）。

表 2　　乘用车制造行业上市公司 2011～2014 年主营业务利润统计　　单位：千万元

企业名称	2011 年				2012 年				2013 年				2014 年			
	Q_1	Q_2	Q_3	Q_4	Q_5	Q_6	Q_7	Q_8	Q_9	Q_{10}	Q_{11}	Q_{12}	Q_{13}	Q_{14}	Q_{15}	Q_{16}
上汽集团	1716	3112	4672	7152	1995	3650	5242	7177	1558	2975	4645	7056	1915	3607	5288	7601
长城汽车	154	318	469	644	193	414	671	1000	311	669	1033	1418	361	469	672	924
比亚迪	181	320	486	741	169	295	406	559	169	350	517	691	177	399	554	809
长安汽车	90	176	220	338	83	188	286	466	125	262	375	547	143	328	524	758
江淮汽车	107	192	266	330	91	184	268	365	125	258	363	474	140	245	325	400
福田汽车	129	278	374	450	147	263	340	420	104	225	338	413	120	244	317	378
一汽轿车	140	272	351	382	79	165	227	263	125	283	429	552	140	288	419	558
广汽集团	23	39	38	46	11	25	40	68	21	62	115	204	35	106	160	263
江铃汽车	96	196	285	380	94	187	279	386	109	224	340	475	128	259	388	558
东风汽车	50	103	153	184	45	92	133	170	42	112	162	215	51	108	159	212
海马汽车	27	54	75	98	23	46	67	98	22	57	84	126	30	60	92	137
力帆股份	27	63	97	126	28	69	104	143	42	84	125	176	46	91	132	188
金杯汽车	15	26	39	51	13	29	44	62	16	35	53	71	19	40	60	81
天津夏利	9	23	21	24	1	2	2	13	8.2	-5	-12	-17	-11	-21	-37	-53
合计	2746	5172	7564	10951	2972	5230	8087	4190	2660	5591	8567	12402	3294	6225	9063	12814

资料来源：乘用车制造业上市公司财务年报（2011～2014）。

表 3　乘用车制造行业上市公司 2011 ~ 2014 年主营业务利润率统计

单位：%

企业名称	2011 年				2012 年				2013 年				2014 年			
	Q_1	Q_2	Q_3	Q_4	Q_5	Q_6	Q_7	Q_8	Q_9	Q_{10}	Q_{11}	Q_{12}	Q_{13}	Q_{14}	Q_{15}	Q_{16}
上汽集团	17.81	16.98	16.69	16.51	16.18	15.59	14.22	15.01	10.77	10.65	11.08	12.53	11.43	11.33	11.24	12.13
长城汽车	22.15	22.39	21.93	21.40	22.11	22.64	22.78	23.17	24.37	25.32	25.34	25.91	24.29	16.43	15.78	14.76
比亚迪	15.46	14.19	14.16	15.16	14.41	13.06	12.26	11.94	13.11	13.26	14.48	13.07	15.10	14.93	13.71	13.90
长安汽车	11.01	8.46	11.21	9.25	10.99	13.39	14.14	15.72	12.28	13.27	13.38	14.22	11.73	13.55	14.26	14.33
江淮汽车	11.29	11.01	10.45	10.83	12.53	12.77	12.68	12.53	14.12	14.34	13.71	14.09	14.30	13.54	12.92	11.71
福田汽车	8.78	9.03	9.10	8.71	10.68	10.02	10.24	10.25	12.37	12.53	13.06	12.09	12.36	12.97	12.39	11.22
一汽轿车	14.59	14.26	13.64	11.70	12.56	13.31	12.52	11.25	19.41	21.05	20.45	18.60	17.52	18.12	18.91	16.62
广汽集团	8.49	7.62	4.97	4.19	4.45	4.62	4.63	5.28	5.27	7.65	9.25	10.84	7.37	9.84	10.23	11.71
江铃汽车	20.29	21.25	21.41	21.76	20.93	21.44	21.88	22.09	22.24	23.16	22.99	22.76	20.68	21.09	21.43	24.76
东风汽车	9.21	9.27	9.50	8.61	8.64	9.24	9.52	9.61	9.40	11.11	11.17	11.13	11.75	12.05	12.93	12.14
海马汽车	8.89	9.59	9.33	8.74	11.56	10.77	11.32	11.58	9.69	11.61	11.86	12.02	11.28	10.66	10.63	10.64
力帆股份	15.16	13.21	15.23	14.60	14.97	17.12	17.13	16.51	17.14	17.98	18.32	17.58	18.40	18.61	18.28	16.46
金杯汽车	13.34	11.82	11.89	10.90	12.57	12.78	12.98	12.28	12.21	12.32	13.62	12.48	13.76	14.71	15.67	15.53
天津夏利	2.95	4.21	2.82	2.42	0.49	0.50	0.36	1.73	4.71	-1.63	-2.90	-3.02	-12.22	-13.38	-16.52	-17.65
平均值	12.74	12.52	11.08	11.77	12.34	12.66	12.65	12.78	13.36	14.47	13.99	13.82	11.86	12.47	12.28	11.02

资料来源：乘用车制造业上市公司财务年报（2011 ~ 2014）。

表 4　乘用车制造行业上市公司 2011～2014 年绩效下降面统计

单位：%

企业名称	2011 年				2012 年				2013 年				2014 年			
	Q_1	Q_2	Q_3	Q_4	Q_5	Q_6	Q_7	Q_8	Q_9	Q_{10}	Q_{11}	Q_{12}	Q_{13}	Q_{14}	Q_{15}	Q_{16}
上汽集团	0	0	0	0	0	0	0	0	1	1	1	1	0	0	0	0
长城汽车	0	0	1	0	0	1	0	0	0	0	0	0	0	1	1	1
比亚迪	1	1	1	1	1	1	0	1	0	0	0	0	0	0	1	0
长安汽车	1	1	0	1	1	0	0	0	0	0	0	0	0	0	0	0
江淮汽车	1	1	1	1	1	1	0	0	0	0	0	0	0	1	1	1
福田汽车	0	1	1	1	0	1	1	1	1	1	1	1	0	0	1	1
一汽轿车	0	0	0	0	1	1	1	1	1	0	0	0	0	0	0	0
广汽集团	0	0	1	1	1	1	0	0	0	0	0	0	0	0	0	0
江铃汽车	0	0	0	0	1	1	0	0	0	0	0	0	0	0	0	0
东风汽车	0	0	0	1	1	0	1	1	1	0	0	0	0	0	0	0
海马汽车	0	0	0	0	1	1	1	0	0	0	0	0	0	0	0	0
力帆股份	1	0	1	0	0	0	0	0	0	0	0	0	0	0	0	0
金杯汽车	0	0	0	1	1	0	0	0	0	0	0	0	0	0	0	0
天津夏利	0	0	0	1	1	1	1	1	0	1	1	1	1	1	1	1
计算值	29	29	43	57	65	65	36	36	29	21	21	21	7	29	43	50

计算说明：绩效下降面 = 利润下降企业数量/企业总数。为了便于计算，在此数据的统计中，利润下降企业记为 1，利润上升企业记为 0。

资料来源：乘用车制造业上市公司财务年报（2011～2014）。

表5 乘用车制造行业上市公司2011～2014年销售费用率统计

单位：%

企业名称	2011年				2012年				2013年				2014年			
	Q_1	Q_2	Q_3	Q_4	Q_5	Q_6	Q_7	Q_8	Q_9	Q_{10}	Q_{11}	Q_{12}	Q_{13}	Q_{14}	Q_{15}	Q_{16}
上汽集团	7.02	6.22	6.19	5.28	5.24	5.19	5.26	5.69	4.90	5.16	5.46	6.17	5.51	5.66	5.54	6.50
长城汽车	3.60	3.73	3.65	3.96	3.33	3.45	3.69	3.85	3.22	3.26	4.55	3.75	3.06	3.19	3.22	3.33
比亚迪	4.10	3.76	3.56	3.69	3.58	3.50	3.27	3.23	3.57	3.75	3.65	3.81	4.10	3.71	3.97	3.84
长安汽车	4.90	7.02	7.65	8.05	7.82	9.26	9.20	8.93	7.67	8.46	8.89	9.18	8.04	8.93	8.58	8.25
江淮汽车	4.33	4.64	4.86	4.73	6.34	5.76	8.33	6.15	6.33	6.53	6.25	5.95	5.93	5.81	5.77	5.21
福田汽车	2.73	3.16	3.35	2.98	3.77	4.35	5.15	5.50	5.71	5.46	5.92	5.13	6.29	6.23	6.34	5.23
一汽轿车	6.47	6.24	6.96	6.83	8.27	9.68	9.66	9.80	8.70	10.87	11.25	9.71	11.02	12.59	12.77	11.56
广汽集团	3.64	4.50	4.72	5.56	6.20	5.66	5.91	6.14	6.79	5.56	6.04	5.69	5.68	5.58	6.21	8.18
江铃汽车	3.81	4.34	5.04	5.79	6.02	7.13	6.36	6.42	4.70	5.89	6.63	6.90	6.47	6.93	6.91	7.72
东风汽车	5.16	4.50	6.03	5.99	6.91	5.93	6.02	6.11	6.72	6.55	6.69	6.37	6.46	6.81	7.24	6.64
海马汽车	0.53	1.21	1.04	1.25	1.06	0.68	0.63	1.30	0.97	0.86	0.98	1.47	2.34	2.31	2.48	2.51
力帆股份	4.22	4.83	4.87	5.10	4.76	5.71	5.77	6.57	6.54	6.85	7.04	7.15	6.00	6.34	6.51	6.39
金杯汽车	6.53	3.59	3.36	2.99	3.56	3.44	3.54	2.98	3.13	2.65	2.83	2.47	2.40	2.54	2.88	2.53
天津夏利	4.27	4.22	4.57	5.63	6.80	6.92	7.79	6.94	5.53	7.17	7.49	8.37	5.67	7.01	7.59	15.50
平均值	4.38	4.53	4.71	4.42	5.27	5.48	5.76	5.69	5.32	5.65	5.98	5.42	5.65	5.97	6.15	6.68

资料来源：乘用车制造业上市公司财务年报（2011～2014）。

表 6　乘用车制造行业上市公司 2011 ~ 2014 年资产负债率统计

单位：%

企业名称	2011 年				2012 年				2013 年				2014 年			
	Q_1	Q_2	Q_3	Q_4	Q_5	Q_6	Q_7	Q_8	Q_9	Q_{10}	Q_{11}	Q_{12}	Q_{13}	Q_{14}	Q_{15}	Q_{16}
上汽集团	61.2	58.6	59.3	58.2	57.5	51.7	56.6	54.3	55.6	54.1	54.4	56.7	56.1	61.6	55.8	55.4
长城汽车	56.8	58.7	48.9	48.6	47.5	50.4	49.5	49.2	46.1	46.7	46.2	46.7	41.6	42.0	42.7	45.6
比亚迪	62.6	62.5	63.4	63.5	67.8	64.1	64.4	64.9	65	65.8	67.4	76.5	67.7	67.1	67.9	70.0
长安汽车	60.4	58.0	56.1	42.8	60.4	62.6	63.1	66.6	68.0	67.2	65.3	65.1	64.3	64.6	63.1	63.5
江淮汽车	67.8	64.5	66.5	60.1	63.0	65.5	68.5	68.6	71.9	73.7	74.7	70.1	73.0	75.5	72.3	72.6
福田汽车	69.3	67.3	68.6	67.6	68.5	56.2	55.0	54.5	54.4	53.7	54.1	53.0	55.7	56.2	58.2	55.2
一汽轿车	46.2	49.8	45.5	48.3	50.0	47.2	53.4	50.1	53.7	56.8	58.8	58.7	56.3	59.4	55.6	53.9
广汽集团	31.6	34.4	33.4	32.0	35.1	32.0	34.6	27.9	40.3	46.0	41.1	46.0	41.5	37.6	44.7	41.1
江铃汽车	40.8	42.6	36.7	37.2	37.9	40.4	33.8	37.5	37.1	43.6	41.7	44.3	63.0	46.8	41.4	45.6
东风汽车	62.2	62.4	63.0	61.3	61.1	60.0	59.2	59.6	60.5	61.5	62.3	61.6	61.3	60.3	60.5	59.3
海马汽车	37.1	36.3	34.4	30.9	34.5	30.8	29.3	30.0	29.7	31.3	32.6	32.1	30.9	35.0	35.5	40.0
力帆股份	44.9	48.3	53.6	54.1	51.1	55.0	61.5	63.7	64.9	60.2	64.8	66.7	64.3	68.6	68.7	73.8
金杯汽车	90.9	90.3	90.7	90.2	88.5	90.5	91.8	91.3	91.5	90.6	90.7	90.2	90.5	90.1	90.3	92.8
天津夏利	61.1	61.0	58.9	59.7	61.8	58.8	58.9	58.7	59.3	59.0	57.4	61.1	62.0	63.9	65.1	77.2
平均值	56.7	54.2	55.6	53.9	56.1	54.9	55.6	55.5	56.9	57.9	57.8	63.4	59.2	59.2	58.7	60.5

资料来源：乘用车制造业上市公司财务年报（2011 ~ 2014）。

附录 4　乘用车制造行业营销风险评估指数

表 1　　主观指标风险指数专家组综合评分

主观指标	2011 年				2012 年				2013 年				2014 年			
	Q_1	Q_2	Q_3	Q_4	Q_5	Q_6	Q_7	Q_8	Q_9	Q_{10}	Q_{11}	Q_{12}	Q_{13}	Q_{14}	Q_{15}	Q_{16}
相关政策不利变化	31	39	54	60	58	57	56	45	34	31	29	24	35	53	56	55
行业成长性	18	32	66	78	75	62	59	43	30	30	28	25	31	55	68	69
行业可进入性	20	26	28	35	36	38	34	35	21	25	21	19	23	31	35	37
行业依赖性	21	48	55	62	60	59	48	41	33	31	32	25	34	42	42	43
盈利机会	15	60	88	88	85	80	69	59	25	23	18	19	26	66	78	80
企业饱和程度	26	59	75	81	79	75	70	61	55	51	49	45	51	67	75	77
产品差异化程度	22	65	78	83	81	78	72	65	60	50	46	43	58	69	79	80
渠道结构合理性	45	66	89	90	88	85	84	79	71	65	63	55	56	81	90	89
渠道控制力	20	40	65	75	73	72	60	62	55	51	50	45	47	55	67	69
关键部件供应商	22	58	66	70	68	60	50	34	22	21	15	17	21	33	65	66

续表

主观指标	2011年				2012年				2013年				2014年			
	Q_1	Q_2	Q_3	Q_4	Q_5	Q_6	Q_7	Q_8	Q_9	Q_{10}	Q_{11}	Q_{12}	Q_{13}	Q_{14}	Q_{15}	Q_{16}
关键部件保障程度	15	35	51	62	60	58	45	30	21	20	19	17	23	45	55	59
商务信用	26	45	67	68	75	72	65	65	50	49	31	24	30	49	68	71
法规的完善程度	55	57	65	70	66	68	62	61	55	56	51	49	51	67	68	69
监管力度	58	58	63	69	71	70	65	63	50	51	47	48	53	68	69	72

资料来源：根据本书邀请专家的风险评估分值计算所得。

表 2 客观指标风险数据监测统计

客观指标	2011 年				2012 年				2013 年				2014 年			
	Q_1	Q_2	Q_3	Q_4	Q_5	Q_6	Q_7	Q_8	Q_9	Q_{10}	Q_{11}	Q_{12}	Q_{13}	Q_{14}	Q_{15}	Q_{16}
宏观经济景气指数	5.66	5.66	5.66	5.66	5.45	5.45	5.45	5.45	5.12	5.12	5.12	5.12	4.87	4.87	4.87	4.87
行业研发投入比例（%）	2.58	2.58	2.58	2.58	2.95	2.95	2.95	2.95	3.22	3.22	3.22	3.22	3.41	3.41	3.41	3.41
新车改款周期（年）	2.5	2.5	2.5	2.5	2.2	2.2	2.2	2.2	2.0	2.0	2.0	2.0	1.8	1.8	1.8	1.8
车辆销售收入增长率（%）	9.07	5.89	5.36	5.19	3.81	10.50	9.30	3.31	14.12	16.77	17.62	13.34	13.20	11.73	8.76	6.49
车辆销售利润率（%）	12.74	12.52	11.08	11.77	12.34	12.66	12.65	12.78	13.36	14.47	13.99	13.82	11.86	12.47	12.28	11.02
企业绩效下降面（%）	29	21	43	50	65	65	36	36	29	21	21	21	7	29	43	50
车辆质量投诉率（万辆）	1.86	2.46	2.28	2.58	2.13	2.18	2.82	4.5	3.66	3.06	2.58	3.92	3.06	3.94	3.78	4.14
渠道营运成本率（%）	4.38	4.53	5.42	5.71	6.27	6.48	5.76	5.69	5.32	5.65	5.98	5.42	5.65	5.97	6.16	6.68
关键部件价格增长率（%）	3	6	7	9	8	7	5	4	3	2	2	3	4	6	7	8
平均资产负债率（%）	57.7	54.2	55.6	53.9	56.1	54.9	55.6	55.5	56.9	57.9	57.8	63.4	59.2	57.8	58.7	60.5
公众信任度	0.78	0.78	0.78	0.78	0.81	0.81	0.81	0.81	0.85	0.85	0.85	0.85	0.87	0.87	0.87	0.87

资料来源：基于乘用车制造业上市公司财务年报（2011～2014）以及国家统计局发布的中国经济综合指数等获取，详见本书第六章中 6.3.1.2 相关内容。

说明：（1）Q_1，Q_2，…，Q_{16}表示 2011～2014 年的 16 个季度，每一个季度为一个评估期；（2）按本书所构建的 FA－BD 模型对各期风险展开评估。主观指标由前文中的专家组成员依据历史资料和经验积累进行模糊评估，客观指标的监测数据来源与第 7 章中的相关说明一致。

参考文献

［1］安嘉清：《战略制定和实施过程的企业战略风险分析》，载《企业经济》2010 年第 6 期。

［2］陈关亭：《基于企业风险管理框架的内部控制评价模型及应用》，载《审计研究》2013 年第 6 期。

［3］陈红艳、王加中：《银行信贷中的行业风险测度》，载《金融论坛》2010 年第 12 期。

［4］陈建华：《企业组织创新风险研究现状及发展趋势》，载《广西社会科学》2007 年第 3 期。

［5］陈丽花：《基于贝叶斯网络的网络营销风险评估和管理研究综述》，载《中国管理信息化》2010 年第 9 期。

［6］陈立文：《项目投资风险分析理论与方法》，机械工业出版社 2004 年版。

［7］陈向明：《质性研究方法与社会科学研究》，教育科学出版社 2000 年版。

［8］陈衍泰、陈国宏、李美娟：《综合评价方法分类及研究进展》，载《管理科学学报》2004 年第 4 期。

［9］成祺炯、曹前进、陈玉萍：《单个银行对系统性风险的贡献度——基于 Shapley 非对称权力指数的研究》，载《金融论坛》2014 年第 9 期。

［10］程启月：《评测指标权重确定的结构熵权法》，载《系统工程理论与实践》2013 年第 7 期。

［11］戴胜利：《企业市场风险预警系统构建研究》，载《财贸研究》2007 年第 10 期。

［12］邓聚龙：《灰理论基础》，华中科技大学出版社 2012 年版。

［13］邓明然、夏品：《基于耦合的企业风险传导模型探讨》，载《经济与管理研究》2006 年第 8 期。

[14] 丁德臣、王兴元:《基于遗传算法优化 BP 神经网络的企业营销风险预警研究》,载《华东经济管理研究》2012 年第 11 期。

[15] 杜晓君、刘赫:《基于扎根理论的中国企业海外并购关键风险的识别研究》,载《管理评论》2012 年第 4 期。

[16] 段秉乾:《复杂产品系统创新的风险管理研究》,复旦大学博士论文,2006 年。

[17] 段瑞君:《行业指数收益的风险研究——来自深圳股票市场的证据》,载《金融理论与实践》2012 年第 3 期。

[18] 范秀成:《顾客关系、信任与顾客对服务失败的反应》,载《南开管理评论》2004 年第 4 期。

[19] [美] 菲利普著,乔瑞译:《VaR:风险价值——金融风险管理新标准》,中信出版社 2000 年版。

[20] 费小东:《扎根理论研究方法论要素、研究程序和评判标准》,载《公共行政评论》2008 年第 3 期。

[21] 付亚和、许玉林:《绩效管理》,复旦大学出版社 2003 年版。

[22] 甘碧群、寿志刚:《企业营销道德水准测试的指标体系及评价方法研究》,载《南开管理评论》2004 年第 7 期。

[23] 龚小凤:《企业跨国并购整合风险预警分析》,载《财会通讯》2013 年第 11 期。

[24] 顾晓安:《公司财务预警系统的构建》,载《财经论丛》2000 年第 4 期。

[25] 胡华夏、陈彦启:《企业成熟期生存风险的预警预控管理》,载《武汉工业大学学报》2000 年第 2 期。

[26] 黄岩、李元旭:《上市公司财务失败预测实证研究》,载《系统工程理论方法应用》2001 年第 1 期。

[27] 黄志红、刘伟华:《国际营销风险管理理论研究述评及展望》,载《经济学动态》2012 年第 7 期。

[28] 贾岩峰:《支持向量机在煤炭营销风险评估中的应用研究》,载《工矿自动化》2011 年第 7 期。

[29] 贾旭东:《基于扎根理论的中国城市基层政府公共服务外包研究》,兰州大学博士论文,2010 年。

[30] 贾跃千:《游客景区体验的构成因素及其内在作用机制研究》,浙江大学博士论文,2009 年。

[31] 姜青舫：《证券投资的风险偏好与期望效用决策模型》，载《审计与经济研究》2006 年第 9 期。

[32] 金玉芳、董大海：《消费者信任影响因素实证研究：基于过程的观点》，载《管理世界》2004 年第 7 期。

[33] 孔玉生、龚毓嘉：《沪市 A 股市场财务透明度与资本配置效率的关系》，载《财会月刊》2012 年第 9 期。

[34] 李红、朱建平：《综合评价方法研究进展评述》，载《统计与决策》2012 年第 9 期。

[35] 李曼丽、何琦隽：《卓越工程师胜任素质模型研究》，载《高等工程教育研究》2014 年第 2 期。

[36] 李梦雨：《中国金融风险预警系统的构建研究》，载《中央财经大学学报》2012 年第 10 期。

[37] 李强：《现代营销风险管理理论与应用》，天津大学博士论文，2005 年。

[38] 李蔚：《工业企业营销安全与指标体系的理论研究》，载《中国工业经济》2002 年第 8 期。

[39] 李蔚：《论营销安全》，载《商业研究》2000 年第 9 期。

[40] 李蔚：《论营销事故》，载《商业研究》2001 年第 5 期。

[41] 李瑛：《决策统计分析》，天津大学出版社 2005 年版。

[42] 李志刚、李兴旺：《蒙牛公司快速成长模式及其影响因素研究：扎根理论研究方法的运用》，载《管理科学》2006 年第 3 期。

[43] 李子奈、齐良书：《关于计量经济学模型方法的思考》，载《中国社会科学》2010 年第 1 期。

[44] 林红菱、张德鹏：《中国零售企业跨国营销的风险评估及管理研究》，载《国际经贸探索》2009 年第 6 期。

[45] 刘红生、李帮义：《基于风险地图的中小企业信贷风险预警》，载《统计与决策》2014 年第 9 期。

[46] 刘开第、庞彦军、栗文国：《多指标决策中隶属度转换算法及其应用》，载《自动化学报》2009 年第 3 期。

[47] 刘开第、吴和琴：《不确定信息数学处理及应用》，科学出版社 1999 年版。

[48] 刘夏清、李林、杨招军：《指数效用下企业的风险投资策略》，载《中国管理科学》2007 年第 4 期。

［49］刘艳、丘磐：《企业内部创新资源配置效率的理论与实证研究》，载《科技管理研究》2010 年第 9 期。

［50］刘志强、曾红卫：《基于专家可信度和灰色关联度方法的科技期刊评价系统》，载《南京师范大学学报》（自然科学版）2013 年第 6 期。

［51］柳顺、杜树新：《基于数据包络分析的模糊综合评价方法》，载《模糊系统与数学》2010 年第 2 期。

［52］柳永明、李宏：《风险管理》，上海财经大学出版社 2006 年版。

［53］楼丽虹、傅勇敏：《我国汽车制造业上市公司盈利能力比较分析》，载《经济论坛》2013 年第 10 期。

［54］卢晓旭、黄彦婷：《教育评价中等级次序评定的评分一致性检验》，载《江苏教育研究》2010 年第 6 期。

［55］马风才、李雾坤、张群：《基于三角形模糊数的 DEA 模型》，载《数学的实践与认识》2007 年第 11 期。

［56］毛洪涛、诸波、王甜安：《组织环境对工程项目成本管理影响研究》，载《南开管理评论》2012 年第 2 期。

［57］潘琰、胡海全：《企业风险承受能力评价》，载《福州大学学报》（哲学社会科学版）2013 年第 1 期。

［58］彭德辉、郭国庆：《互联网时代的品牌危机分析及对策》，载《当代经济管理》2009 年第 6 期。

［59］齐佳音、马君：《考虑客户风险修正的客户终生价值建模》，载《管理工程学报》2015 年第 2 期。

［60］邱国栋、马巧慧：《企业制度创新与技术创新的内生耦合——以韩国现代与中国吉利为样本的跨案例研究》，载《中国软科学》2013 年第 12 期。

［61］荣梅：《模糊综合评价方法在营销风险评估中的应用》，载《统计与决策》2011 年第 7 期。

［62］佘丛国、席酉民：《我国企业预警研究理论综述》，载《预测》2003 年第 6 期。

［63］佘廉：《企业营销风险管理》，河北科技出版社 1999 年版。

［64］叶厚元、邓明然：《企业风险传导的六种方式及其特征》，载《管理现代化》2005 年第 6 期。

［65］史滋福、周禹希、刘姝：《问题类型和情绪状态对贝叶斯推理的影响》，载《心理科学》2012 年第 4 期。

［66］苏钮、汪波：《基于未确知测度综合评价的服务企业优劣势分析》，载《天津大学学报》（社会科学版）2006 年第 3 期。

［67］苏钰：《基于模糊集对分析的营销风险改进方案选择模型研究》，载《科技管理研究》2006 年第 4 期。

［68］孙慧君：《指数理论研究》，东北财经大学出版社 1998 年版。

［69］孙金三、方志耕、袁潮清：《大型装备研制技术风险指数测度极大熵博弈模型》，载《系统工程》2013 年第 5 期。

［70］汤敏、茅于拭：《现代经济学前沿专题》，商务印书馆 2002 年版。

［71］唐仁、侯珍：《如何应对企业营销风险》，载《企业研究》2007 年第 12 期。

［72］汪忠、黄瑞华：《国外风险管理研究的理论、方法及其进展》，载《外国经济研究》2007 年第 2 期。

［73］王丹萍、庄贵军、周茵：《信息框架与产品风险的交互效应及影响条件》，载《管理评论》2013 年第 12 期。

［74］王建成、王静、胡上序：《基于概率模式分类的宏观经济预警系统设计》，载《系统工程理论与实践》1998 年第 6 期。

［75］王克平：《企业竞争情报危机预警信息分析方法研究综述》，载《情报科学》2014 年第 2 期。

［76］王林、唐晓东：《经济波动与企业预警》，载《经济体制改革》2000 年第 2 期。

［77］王伟：《基于平衡计分卡的企业预警模型探索》，载《经济研究参考》2009 年第 2 期。

［78］王稳、王东：《企业风险管理理论的演进与展望》，载《审计研究》2010 年第 4 期。

［79］王颖喆：《概率与数理统计》，北京师范大学出版社 2008 年版。

［80］巫英、向刚：《企业持续创新过程的重大风险管理机制研究》，载《科技进步与对策》2013 年第 1 期。

［81］吴超标：《统计指数的随机方法及其应用》，中国统计出版社 2000 年版。

［82］吴海霞、邢春华、孙婵娟：《运用信号分析法建立我国金融风险预警系统》，载《广西经济干部学院学报》2004 年第 1 期。

［83］肖兴志、何文韬、郭晓丹：《能力积累、扩张行为与企业持续生存时间》，载《管理世界》2014 年第 2 期。

[84] 徐国祥:《统计指数理论、方法及应用研究》,上海人民出版社2011年版。

[85] 徐林生、王执铨、戴跃伟:《评审专家可信度评价模型及应用》,载《南京理工大学学报》(自然科学版)2010年第2期。

[86] 徐泽水:《不确定多属性决策方法及应用》,清华大学出版社2004年版。

[87] 许彩国:《市场营销案例分析:失败篇》,东南大学出版社2008年版。

[88] 许振宇:《基于盲数的信息混沌条件下应急管理能力评价》,载《统计与决策》2011年第22期。

[89] 叶厚元、邓明然:《企业风险传导的六种方式及其特征》,载《管理现代化》2005年第6期。

[90] 尤佳、王锐、徐建平:《基于扎根理论的政府部门间信息共享影响因素研究》,载《情报杂志》2014年第1期。

[91] 于建原、李清政:《应用扎根理论对营销假说的验证》,载《财贸经济》2007年第11期。

[92] 于正、王莹莹:《构建基于风险热图的风险导向审计模式》,载《中国审计》2011年第8期。

[93] [美] 詹姆斯·林著,黄长全译:《企业全面风险管理:从激励到控制》,中国金融出版社2003年版。

[94] 詹原瑞:《银行信用风险的现代度量与管理》,经济科学出版社2004年版。

[95] 张纪康:《企业经营风险管理》,立信会计出版社1999年版。

[96] 张江华、郑小平:《基于模糊层次分析法的应急能力指标权重的确定》,载《安全和环境工程》2007年第3期。

[97] 张瑾:《基于金融风险压力指数的系统性金融风险评估研究》,载《上海金融》2012年第9期。

[98] 张敬伟、马东俊:《扎根理论研究法与管理学研究》,载《现代管理科学》2009年第2期。

[99] 张善轩:《企业风险管理》,广东经济出版社2000年版。

[100] 张识宇、徐济超:《基于Thiele指数的公司风险投资项目灰色评价方法》,载《工程理论与实践》2011年第11期。

[101] 张应语、李志祥:《基于管理风险偏好量表的管理风险偏好实

证研究》，载《中国软科学》2009 年第 4 期。

［102］张友棠、洪荭、冯自钦：《基于行业风险临界点的企业三维财务风险识别矩阵研究》，载《财会月刊》2009 年第 5 期。

［103］张友棠、彭颖：《基于行业风险监测的中国企业财务预警仿真研究》，载《财会月刊》2015 年第 2 期。

［104］张云起：《企业营销等级评价与预警控制研究》，载《中国管理科学》2000 年第 11 期。

［105］张云起：《营销风险管理》，高等教育出版社 2014 年版。

［106］章栋恩、徐美萍：《蒙特卡罗法在产品营销风险分析中的应用》，载《北京工商大学学报》（自然科学版）2007 年第 2 期。

［107］赵克楠、李雷、邓楠：《一种构造模糊隶属度的新方法》，载《计算机技术与发展》2011 年第 6 期。

［108］赵文清、钱周信：《基于灰色层次分析法的营销风险综合评价》，载《安徽工业大学学报》2006 年第 1 期。

［109］钟懿辉：《“走出去”企业合同风险管理研究》，载《中央财经大学学报》2012 年第 2 期。

［110］朱金鑫：《属性掌握概率分类模型》，载《北京师范大学学报》（自然科学版）2009 年第 4 期。

［111］朱荣：《基于扎根理论的产业集群风险问题研究》，载《会计研究》2010 年第 3 期。

［112］朱元倩：《关于系统性风险度量和预警的模型综述》，载《国际金融研究》2012 年第 1 期。

［113］祝志明：《企业战略风险识别研究》，载《科研管理》2005 年第 1 期。

［114］庄贵军、周南：《跨文化营销渠道中文化差异对企业间信任与承诺意愿的影响》，载《管理评论》2009 年第 1 期。

［115］Ale B. J. M., Tolerable or Acceptable: A Comparison of Risk Regulation in the United Kingdom and in the Netherlands. *Risk Analysis*, Vol. 25, No. 2, April 2005, pp. 231 – 241.

［116］Altman, Financial Ratios Discriminated Analysis and Prediction of Corporate Bankruptcy. *Journal of Finance*, Vol. 23, No. 4, May 1968, pp. 589 – 609.

［117］Amari S., Dill G. and Howald E., A New Approach to Solve Dynamic Fault Trees. Reliability & Maintainability Symposium Conference, 2003.

[118] Arping S. and Credit Protection, Lending Relationships. EFA 2004 Maastricht Meetings Paper, 2004.

[119] Aven T. and Vinnem J. E., Wiencke H. S., A Decision Framework for Risk Management, with Application to the Off Shore Oil and Gas Industry. *Reliability Engineering and System Safety*, Vol. 92, No. 4, August 2007, pp. 433 – 448.

[120] Aven T., On the Ethical Justification for the Use of Risk Acceptance Criteria. *Risk Analysis*, Vol. 27, No. 2, February 2007, pp. 303 – 312.

[121] Basak S. and Shapiro A., Value-at-risk-based Risk Management: Optimal Policies and Asset Prices. *The Review of Financial Studies*, Vol. 14, No. 2, March 2001, pp. 371 – 405.

[122] Beaver W. H., Financial Ratios as Predictors of Failure. *Journal of Accounting Research*, Vol. 11, No. 5, June 2009, pp. 9 – 11.

[123] Bell D. E., One-switch Utility Functions and A Measure of Risk. *Management Science*, Vol. 34, No. 12, December 1988, pp. 1416 – 1424.

[124] Benzion Barlev, Shlomo Lampert, A Performance Index for Evaluating Marketing Programmers. *European Journal of Marketing*, Vol. 11, No. 1, January 1977, pp. 21 – 30.

[125] Bernstein P. L., *Against the Gods-the Remarkable Story of Risk John*. New York: Wiley & Sons, 1996.

[126] Bollen K. A., Latent Variables in Psychology and the Social Sciences. *Annual Review of Psychology*, Vol. 53, No. 1, January 2002, pp. 605 – 635.

[127] Bottelberghs P. H., Risk Analysis and Safety Policy Developments in the Netherlands. *Journal of Hazardous Materials*, Vol. 71, No. 1, February 2001, pp. 59 – 84.

[128] Brian P. Cozzarin and Brad W., Gilmour, A Methodological Evaluation of Empirical Demand Systems Research. *Canadian Journal of Agricultural Economics*, Vol. 46, No. 3, March 2010, pp. 297 – 316.

[129] Brian W. Nocco, Enterprise Risk Management: Theory and Practice. *Journal of Applied Corporate Finance*, Vol. 18, No. 4, April 2006, pp. 8 – 20.

[130] Browning T. R. Deyst J. and Eppinger S. D. , Adding Value in Product Development by Creating Information and Reducing Risk. *IEEE Transactions on Engineering Management*, Vol. 49, No. 4, April 2002, pp. 443 - 458.

[131] Chen S. J. and Hwang C. L. , *Fuzzy Multiple Attribute Decision Making Methods and Applications*. Berlin: Spinger - Verlag, 1990.

[132] Cliff N. , Some Cautions Concerning the Applications of Causal Modeling Methods. *Multivariate Behavioral Research*, Vol. 18, No. 1, April 1983, pp. 115 - 126.

[133] Corbin J. M. and Strauss A. , Grounded Theory Research: Procedures, Canons, and Evaluative Criteria. *Qualitative Sociology*, Vol. 13, No. 1, February 1990, pp. 3 - 21.

[134] COSO, Enterprise Risk Management Integrated Framework. Committee of Sponsoring Organizations of the Three - way Commission, 2004.

[135] Cummins and Enda, Predictive Modeling and Risk Assessment of BSE. *Journal of Risk Research*, Vol. 4, No. 3, June 2001, pp. 251 - 274.

[136] D. B. Keim, An Analysis of Mutual Fund Design: the Case of Investing in Small-cap Stocks. *Journal of Financial Economics*, Vol. 51, No. 3, June 1999, pp. 173 - 194.

[137] D. C. Mcclelland, Testing for Competency rather than Intelligence. *American Psychologist*, Vol. 28, No. 1, March 1973, pp. 1 - 14.

[138] Dieter Gramlich and Mikhail V. Oet, The Structural Fragility of Financial Systems: Analysis and Modeling Implications for Early Warning Systems. *The Journal of Risk Finance*, Vol. 12, No. 4, August 2011, pp. 270 - 290.

[139] Diewert W. E. , Index Number Issues in the Consumer Price Index. *Journal of Economic Perspectives*, Vol. 12, No. 1, January 1998, pp. 47 - 58.

[140] E. R. Canterbury and R. J. Burckhardt, *What Do Us Mean by Asking Whether Economics is a Science?*. London: Macmillan, 1983.

[141] Endres D. M. and Schindelin J. E. , A New Metric for Probability Distributions. Information Theory, IEEE Transactions on, Vol. 49, No. 7, July 2003, pp. 1858 - 1860.

[142] E. Vercher, J. D. Beanudez and J. V. Segura, Fuzzy Portfolio Optimization under Downside Risk Measures. *Fuzzy Sets and Systems*, Vol. 158, No. 7, July 2003, pp. 769 – 782.

[143] Fisher I. , *The Making of Index Numbers*. Boston: Hough – ton Muffin, 1992.

[144] F. Corielli and M. Marcellino, Factor Based Index Tracking. *Journal of Banking & Finance*, Vol. 30, No. 3, March 2006, pp. 2215 – 2233.

[145] Flint C. , Fraser IAM and D. J. Hatherly, Business Risk Auditing: A Regressive Evolution. *Accounting Forum*, Vol. 32, No. 2, February 2008, pp. 143 – 147.

[146] Frank Fehle and Sergey Tsyplakov, Dynamic Risk Management: Theory and Evidence. *Journal of Financial Economics*, Vol. 31, No. 3, June 2013, pp. 117 – 112.

[147] Front A. K. , Scharfstein D. S. and Stern J. C. , A Framework for Risk Management. *Harvard Business Review*, Vol. 11, No. 12, December 1994, pp. 91 – 102.

[148] Gerhard V. D. Venter, David Michayluk and Geoff Davey, A Longitudinal Study of Financial Risk Tolerant. *Journal of Economic Psychology*, Vol. 33, No. 4, April 2012, pp. 794 – 800.

[149] Gerry Croy, Paul Gerrans and Craig Speelman, The Role and Relevance of Domain Knowledge, Perceptions of Planning Importance, and Risk Tolerance in Predicting Savings Intentions. *Journal of Economic Psychology*, Vol. 31, No. 6, June 2010, pp. 860 – 871.

[150] Glaser G. Barney and Anselm L. Strauss, *The Discovery of Grounded Theory: Strategies for Qualitative Research*. Chicago: Aldine Publishing Company, 1967.

[151] Gordon Alexander and Alexandre Baptista, Portfolio Selection with a Drawdown Constraint. *Journal of Banking & Finance*, Vol. 30, No. 5, June 2006, pp. 3171 – 3189.

[152] Gregg G. , Van Ryzin, Douglas Muzzio, Lisa Gulick and Eve Martinez, Drivers and Consequences of Citizen Satisfaction an Application of the American Customer Satisfaction Index Model to New York City. *Public Adminis-*

tration Review, Vol. 64, No. 3, March 2010, pp. 331 – 341.

[153] Herrera F. and Herrera – Viedma E., Linguistic Decisionanalysis: Steps for Solving Decision Problems under Linguistic Information. *Fuzzy Sets and Systems*, Vol. 115, No. 1, February 2000, pp. 67 – 82.

[154] Hogan J. E. and Lehmann D. R., et al., Linking Customer Assets to Financial Performance. *Journal of Service Research*, Vol. 5, No. 1, January 2002, pp. 26 – 38.

[155] Hong Y. S. and Chang T. C., A Comprehensive Review of Tolerancing Research. *International Journal of Production Research*, Vol. 40, No. 11, January 2002, pp. 2425 – 2459.

[156] James Lam, *Enterprise Risk Management: From Incentives to Controls, Second Edition*. Hoboken, New Jersey: John Wiley & Sons, Inc., 2004.

[157] James R. G., Risk Management: The Unifying Framework for Business Scholarship and Pedagogy. *Risk Management and Insurance Review*, Vol. 10, No. 1, January 2010, pp. 1 – 12.

[158] James. P. Forkan, *Forman Marketing Risk*. New York: Johnwley. & sons, 1998.

[159] Jelonek J. and Krawiec K., et al., Rough Set Reduction for Attributes and Their Domains for Neural Networks. *Computational Intelligence*, Vol. 11, No. 2, March 1995, pp. 254 – 277.

[160] Huang J. J. and Tzen G. H., et al., A Novel Algorithm for Uncertain Portfolio Selection. *Applied Mathematics and Computation*, Vol. 173, No. 1, February 1995, pp. 350 – 359.

[161] Jin Woo Lee and Soung Hie Kim, An Integrated Approach for Interdependent Information System Project Selection. *International Journal of Project Management*, Vol. 19, No. 2, March 2001, pp. 111 – 118.

[162] John Cherrya and John Fraedrichb, Perceived Risk, Moral Philosophy and Marketing Ethics: Mediating Influences on Sales Managers' Ethical Decision-making. *Journal of Business Research*, Vol. 55, No. 12, December 2002, pp. 951 – 962.

[163] John Fraser and Betty J. Simkins, *Enterprise Risk Management*. Hoboken: New Jersey: John Wiley & Sons, Inc., 2010.

[164] John R. Doyle, Rodney H. Green and Paul Bottomley, Judging Relative Importance, Direct Rating and Point Allocation are not Equivalent. *Organizational Behavior and Human Decision Process*, Vol. 70, No. 1, January 1997, pp. 65 –72.

[165] Jonkman S. N., Van Gelder and Vrijling J. K., An Overview of Quantitative Risk Measures for Loss of Life and Economic Damage. *Journal of Hazardous Materials*, Vol. 99, No. 1, January 2003, pp. 1 –30.

[166] Jose Antonio De Almeida and Jose Carlos Kullberg, Rockfall Hazard and Risk Analysis for Monte da Lua, Sintra, Portugal. *Natural Hazards*, Vol. 58, No. 1, February 2011, pp. 147 –155.

[167] Kimberly A. and Whitbeck, et al., Risk Factors for Sexual Victimization Among Male and Female Homeless and Runaway Youth Tyler. *Journal of Interpersonal Violence*, Vol. 19, No. 5, June 2004, pp. 503 –520.

[168] Kit Sadgrove, *The Complete Guide to Business Risk Management*. London: Gower Publishing, 2005.

[169] Laitinen E. K. and Chong H. G., Early-warning System for Crisis in SMEs: Preliminary Evidence from Finland and the UK. *Journal of Small Business and Enterprise Development*, Vol. 23, No. 1, March 1999, pp. 89 –102.

[170] Laughhunn D., Managerial Risk Preference for Below-target Return. *Management Science*, Vol. 26, No. 3, March 1980, pp. 1238 –1249.

[171] Lawrence A. Gordona, Martin P. Loeba and Chih – Yang Tsetse. Enterprise Risk Management and Firm Performance: A Contingency Perspective. *Journal of Accounting and Public Policy*, Vol. 28, No. 10, October 2009, pp. 301 –327.

[172] Layder D., *Grounded Theory and Field Research: New Strategies in Social Research*. Camaridge: Polity Press, 1983.

[173] Levy H., Stochastic Dominance and Expected Utility: Survey and Analysis. *Management Science*, Vol. 38, No. 6, November 1992, pp. 555 –593.

[174] Lind N., Social and Economic Criteriaof Acceptable Risk. *Reliability Engineering and System Safety*, Vol. 78, No. 1, March 2012, pp. 21 –25.

[175] Mark Illing and Ying Liu, Measuring financial stress in a devel-

oped cauntry: An application to Canada. Journal of Financial Stability. vol. 2, No. 10, 2006, pp 243 -265.

[176] Lucia Naldi, Entrepreneurial Orientation, Risk Taking, and Performance in Family Firms. *Family Business Review*, Vol. 20, No. 1, January 2007, pp. 33 -47.

[177] Lynette Ryals and Simon Knox, Measuring and Managing Customer Relationship Risk in Business Markets. *Industrial Marketing Management*, Vol. 36, No. 8, August 2007, pp. 823 -833.

[178] M. Jones - Lee and T. Aven, ALARP - What Does It Really Mean. *Reliability Engineering and System Safety*, Vol. 96, No. 8, August 2011, pp. 877 -882.

[179] M. Grund and M. A. Theory, Development and Implementation of National Customer Satisfaction Indices: The Swiss Index of Customer Satisfaction. *Total Quality Management*, Vol. 11, No. 7, July 2000, pp. 1017 -1028.

[180] Mark R. Greene, Market Risk: An Analytical Framework. *Journal of Marketing*, Vol. 32, No. 2, March 1968, pp. 49 -56.

[181] Mark R. Greene, How to Rationalize Your Marketing Risks. *Harvard Business Review*, Vol. 43, No. 3, January 1969, pp. 114 -123.

[182] Marke. Zmijewski, Methodological Issues Related to the Estimation of Financial Distress Prediction Models. *Journal of Accounting Research*, Vol. 22, No. 10, October 1984, pp. 146 -234.

[183] Mishra S. and Fiddich L., Beyond Gains and Losses: The Effect of Need on Risky Choice in Framed Decisions. *Journal of Personality and Social Psychology*. Vol. 102, No. 6, June 2012, pp. 1136 -1147.

[184] Murphy A., An Empirical Analysis of the Structure of Credit Risk Premiums in the Eurobond Market. *Journal of International Money and Finance*, Vol. 22, No. 6, June 2003, pp. 865 -885.

[185] Nicolas Treich, Risk Tolerance and Value of Information in the Standard Portfolio Model. *Economics Letters*, Vol. 55, No. 3, March 1997, pp. 361 -363.

[186] Nina Rosenbusch, Jan Brinckmann and Reas Bausch, Is Innovation Always Beneficial? A Meta-analysis of the Relationship between Innovation and Performance in SMES. *Journal of Business Venturing*, Vol. 26, No. 4,

April 2011, pp. 647 -653.

[187] Norma L. Nielson, Anne E. Kleffner and Ryan B. Lee, The Evolution of the Role of Risk Communication in Effective Risk Management. *Risk Management and Insurance Review*, Vol. 8, No. 2, February 2005, pp. 279 -289.

[188] Pandit, The Creation of Theory: A Recent Application of the Grounded Theory Method. *The Qualitative Report*, Vol. 2, No. 4, April 1996, pp. 4 -7.

[189] Paul A. Bottomley, John R. Doyle and Rodney H. Green, Testing the Reliability of Weight Elicitation Methods: Direct Rating Versus Point Allocation. *Journal of Marketing Research*, Vol. 11, No. 8, August 2000, pp. 508 -513.

[190] RE Melchers, On the Alapp Approach to Risk Management. *Reliability Engineering and System Safety*, Vol. 71, No. 2, February 2001, pp. 201 -208.

[191] Renn In. Krimsky and Sand Golding (ed.), Social Theories of Risk. *Westport*: *Prefer* 1992.

[192] RH Kolbe and MS Burnett, Content - Analysis Research: An Examination of Applications with Directives for Improving Research Reliability and Objectivity. *Journal of Consumer Research*, Vol. 18, No. 2, February 1981, pp. 243 -50.

[193] Robert Allio, Individual Differences in Risk Taking. *Risk Taking Behavior*, Vol. 22, No. 11, November 1992, pp. 223 -238.

[194] Robert N., Stone and Kjell Grenhaug, Perceived Risk: Further Considerations for the Marketing Discipline. *European Journal of Marketing*, Vol. 27, No. 3, March 2003, pp. 39 -50.

[195] Royals L. J. and Knox S., Measuring and Managing Customer Relationship Risk in Business Markets. *Industrial Marketing Management*, Vol. 36, No. 6, June 2007, pp. 823 -833.

[196] Ruth E., Fassinger: Paradigms, Praxis, Problems, and Promise: Grounded Theory in Counseling Psychology Research. *Journal of Counseling Psychology*, Vol. 52, No. 2, February 2005, pp. 156 -166.

[197] Ruth Rios - Morales, Dragan Gamberger, Tom Smuc and Francisco Azuaje, Innovative Methods in Assessing Political Risk for Business Interna-

tionalization. *Research in International Business and Finance*, Vol. 23, No. 2, March 2009, pp. 144 – 156.

[198] Saaty T. L., *The Analytic Hierarchy Process*. Pittsburgh: University of Pittsburgh, 1988.

[199] Saldías M., Systemic Risk Analysis Using Forward-looking Distance-to-default Series. *Journal of Financial Stability*, Vol. 9, No. 4, April 2013, pp. 498 – 517.

[200] Santoro Emiliano and Gaffeo Edoardo, Business Failures, Macroeconomic Risk and the Effect of Recessions on Long – Run Growth: A Panel Cointegration Approach. *Journal of Economics and Business*, Vol. 61, No. 11, November 2009, pp. 435 – 452.

[201] Sarah Sargented, Risk Management Guide. *Karen Chambers Asiamoney*, Vol. 16, No. 3, March 1995, pp. 21 – 29.

[202] Soreide T., Too Risk Averse to Stay Honest? Business Corruption, Uncertainty and Attitudes toward Risk. *International Review of Law and Economics*, Vol. 29, No. 4, April 2009, pp. 388 – 395.

[203] Tatikonda M. V. and Montoya – Weiss M., Integrating Operations and Marketing Perspectives of Product Innovation: the Influence of Organizational Process Factors and Capabilities on Development Performance. *Management Science*, Vol. 17, No. 1, January 2001, pp. 151 – 172.

[204] Thomas O. Stanley, John K. Ford and Sande Richards, The Application of A Risk Index Model to Strategic Marketing Programmers for Commercial Banks. *The International Journal of Bank Marketing*, Vol. 4, No. 2, January 1986, pp. 14 – 23.

[205] Tim Boyce, *Commercial Risk Management*. London: Thorogood Publishing Ltd., 1995.

[206] Usha C. V. Haley, Assessing and Controlling Business Risks in China. *Journal of International Management*, Vol. 9, No. 3, March 2011, pp. 237 – 252.

[207] Victor J. Cook and Jr. John R. Page, Assessing Marketing Risk. *Journal of Business Research*, Vol. 15, No. 5, May 1987, pp. 519 – 530.

[208] Vrijling J. K., Van Hengel W. and Houben R. J., A Framework for Risk Evaluation. *Journal of Hazardous Matrials*, Vol. 43, No. 3, March

1995, pp. 245 -261.

[209] Waring A. and Glendon A. L. , *Managing Risk*. London: International Thomson Business Press, 1998.

[210] Yasdi R. , Combining Rough Sets Learning and Neural Learning-method to Deal with Uncertain and Imprecise Information. *Newrecomposing*, Vol. 7, No. 1, January 1995, pp. 208 -231.

[211] Young Hoon Kwak and Kenneth Scott Laplace, Examining Risk Tolerance in Project Driven Organization. *Technovation*, Vol. 25, No. 6, June 2005, pp. 691 -695.

[212] Zhao Jie and Lin Hui, Target Attributes Identification Simulation Based on BP Neural Network Model. *Journal of System Simulation*, Vol. 19, No. 1, January 2007, pp. 2571 -2573.

后　记

当前，企业面临的市场环境表现出了越来越多的不确定性，使得营销风险的发生概率和破坏程度大大提高，且呈现出“传导速度快、辐射面广、破坏力强、持续时间长”的行业性特征。本书在对行业营销风险内涵、来源和架构等问题进行探索性研究的基础上，综合运用盲数理论和隶属度函数，构建行业营销风险指数评估模型，尝试从行业风险等级、企业风险偏好和企业风险可接受水平三者动态均衡的视角，探索不同企业应对行业营销风险的方法与模式，并为构建行业营销风险应对机制提供理论支持和管理建议。以期使本书在进一步丰富和完善营销风险理论研究的广度与深度的同时，有效提升不确定环境下营销风险评估的科学性和准确性，并为营销风险预警研究提供新的理论视角。本书主要围绕以下五个方面展开。

第一，运用扎根理论对行业营销风险的内涵、来源与构成进行探索性研究。在此过程中，严格遵守扎根理论的编码原则和程序，通过不断比较和反复甄别，最终形成了一个内容丰富，且有明显的维度和层次划分的概念体系，并以此为依据，构建了行业营销风险基本理论框架和评价指标体系。第二，基于指标属性的不同，借鉴模糊数学、盲数理论以及统计学等相关学科的知识与方法，通过 FA－BD 指数模型优化和改进了传统的营销风险评估方法，有效提高了风险评估结果的科学性和准确性，为行业营销风险预警和应对提供可靠的风险信息数据。第三，应用概率统计中的 3σ 法则，确定行业营销风险预警等级指数标准。并基于 ALARP 原理的基本思想与方法，通过构建风险可接受区域判断矩阵，明确不同类型企业对行业营销风险的可接受程度，力图从行业风险等级、企业风险偏好和企业风险可接受水平三者均衡的视角，探索企业防范和应对行业营销风险的模式与方法。在此基础之上，构建了企业层面的行业营销风险预警体系，提出了预警策略。第四，基于乘用车制造行业的模型检验。通过乘用车制造行业的案例研究，对本书所构建的行业营销风险指数评估模型以及预警方法等研究结论进行可行性检验，以验证本书理论研究的科学性和实效性。第五，在对行业营销风险的产生与传导进行科学分析的基础上，从风险应对的实际需要和企业整体管理的视角，提出了企业层面的行业营销风险应对措施和风险管理机制，探讨了行业营销风险应对绩效的评价方法。

本书的工作是对营销风险理论研究视角和层次的全新探索，具有较为重要的学术价值。通过对行业营销风险内涵、来源以及结构等基本问题的探索性研究，更加全面地揭示了营销风险的内在特征，从而将营销风险预警与应对由传统的企业微观层面推向现实的行业宏观层面，可以帮助政府部门及相关企业更加全面、及时地掌握行业风险的总体状态与变化趋势，构建科学实用的风险预警和响应机制，并最终为避免营销风险演变为行业危机提供更具现实意义的策略选择集，使得风险应对策略更好地兼顾了短期效果和长期效果。同时，本书也致力于唤醒全行业风险应对的集体意识，促使相关企业及政府部门摈弃“事不关己、高高挂起”的旁观者思维，并为构建行业营销风险应对机制提供理论支持和管理建议。然而，由于笔者的知识结构、研究能力以及研究条件等方面的限制，使得本书难免有局限和不足之处。在当前的市场环境下，对于如何开展行业营销风险的预警和应对，有着更为迫切的需求，有待学者们提出更有效的理论和方法。

本书的完成，首先要感谢我的博士导师、中央财经大学张云起教授给予的指导和帮助，感谢我的博士同学赵云辉、张术丹、师弟孙军峰和同事于薇博士给予的建议和支持，还要感谢我的家人，尤其是母亲和女儿小月亮对我的理解和鼓励。同时，对参与调研的企业界同仁、研究团队成员以及在数据分析工作中给予大力支持的中国航天系统科学与工程研究院李大新博士也致以深切的谢意。

最后，本书的出版得到了宁夏大学经济管理学院、宁夏高校一流学科建设（理论经济学）项目及宁夏大学西部一流专业（市场营销）培育项目的大力支持，在此也深表感谢。

李　键

2019 年 2 月 18 日于宁夏大学